Bullying: los múltiples rostros del acoso escolar

Bullying: los múltiples rostros del acoso escolar

Estrategias para identificar, detener y cambiar la agresividad y la violencia a través de competencias

Brenda Mendoza González

❦

Título de la obra: Bullying: *los múltiples rostros del acoso escolar*

COORDINACIÓN EDITORIAL: María de Lourdes Arellano Bolio
PORTADA: Víctor M. Santos Gally
DIAGRAMACIÓN: Ediámac

© 2012, 2014 Editorial Pax México, Librería Carlos Cesarman, SA
Av. Cuauhtémoc 1430
Col. Santa Cruz Atoyac
México DF 03310
Tel. 5605 7677
Fax 5605 7600
www.editorialpax.com

Segunda edición
ISBN 978-607-9346-49-2
Reservados todos los derechos
Impreso en México / Printed in Mexico

DEDICATORIA

Papi:
Gracias por haber compartido tu vida conmigo. Recuerdo con cariño nuestras charlas (combinando psicología y derecho), queriendo cambiar el mundo. Hoy puedo escribirte sin el dolor desgarrador que me impedía hacerlo. Eres mi Ángel.

Hugo P. Maldonado:
Te busqué en diversas culturas, en diversos países. Agradezco que nuestros caminos se hayan cruzado inesperadamente, aquí en nuestras raíces. Gracias por compartir, por amarme, por hacerme reír todos los días. Somos un gran equipo, te amo Bugis.

Mami:
Eres mi mayor protección, mi gran amor. En la primera tesis, te agradecí los juegos, cuentos y las horas que todos los días invertiste en los tres, para enseñarnos valores, viviéndolos cotidianamente; en la segunda, reconocí tu constante apoyo; en la tercera, tu fortaleza y valentía por sostenernos con la pérdida de mi Pa; hoy te hago un reconocimiento por habernos protegido del riesgo de drogas, embarazos no deseados, la violencia, combinando: tu sabiduría y tu amor con información.

Jessi, eres mi cómplice, eres mi fortaleza, eres mi consejera y guía. Te admiro por tu valentía y tenacidad. Te amo Jes.

Charly, eres mi alma gemela, algunas veces me pregunto de qué estás hecho, y concluyo que tu valentía, tu honor y amor te hace un hombre tenaz, que no se da por vencido. Te amo mi Charlotte.

Camilita, mi niña… eres la luz que ilumina mi vida todos los días. Te agradezco todo lo que compartes conmigo: juegos, cuentos, las canciones que escribes, los diseños de ropa que haces, y por el amor que tienes a los animales. Te amo.

Charlito, mi "amor chiquito", gracias por todo tu amor, por compartirme tus juegos, tus aventuras, tus creaciones. Te admiro porque siendo un niño siempre buscas que se haga justicia. Te amo.

Índice

Las investigaciones desarrolladas hasta el momento respecto al acoso escolar aportan evidencia empírica consistente que revela que determinadas características de personalidad y ciertos patrones de conducta, en combinación con otros factores ambientales, son importantes para el desarrollo del *bullying*, por lo que la atención y los esfuerzos desarrollados para su erradicación deberán involucrar a diversos agentes de cambio como padres, educadores, investigadores. Dichas investigaciones muestran, también, la urgente necesidad de que las autoridades educativas federales diseñen estrategias que permitan atender a las víctimas de bullying y a sus familiares, las cuales aún no se han diseñado.

Existen factores del ambiente como actitudes, rutinas y comportamientos de las figuras adultas y en particular de profesores, tutores y directivos del colegio, que juegan un papel determinante en la manifestación del problema. Se destaca que la familia y la escuela –instituciones socializadoras por excelencia–, son corresponsables en la educación del alumnado, y posibilitan garantizar el aprendizaje de conductas, habilidades y valores que les permitan adaptarse a las exigencias de la sociedad.

La escuela brinda una gran oportunidad para adquirir y fortalecer conductas prosociales (cooperación, tolerancia, respeto, solidaridad), que sin duda alguna protegen al alumnado del riesgo de involucrarse en conflictos violentos. Sin embargo, en ella también se encuentran presentes las desigualdades existentes en la sociedad, así como otros factores que contribuyen al desarrollo de contextos escolares violentos, como marginación, racismo, clasismo o sexismo, discriminaciones que puede sufrir cualquier miembro de la comunidad educativa.

Es necesario el conocimiento de factores que facilitan la reproducción de la violencia en el contexto escolar para lograr su disminución; entre ellos se ha identificado:

- El uso de un código de normas inconsistente (generalmente los alumnos no tienen consecuencias al romper una regla).

- Creencias erróneas del profesorado que transmiten la idea que el uso de la violencia se justifica para resolver conflictos, con frases como: "ni modo, si se pegaron ahora se aguantan los dos"; "si se llevan se aguantan".
- Creencias equivocadas de los adultos de que con violencia se puede conseguir el control sobre otros: "no te dejes, si te pegan, pégale".
- La transmisión del mensaje de responsabilizar a la víctima sobre los actos violentos de los que fue objeto: "pues aguántate, no llores, tu también te llevas", castigando a la víctima y haciéndola responsable de la violencia recibida, lo que lleva a una doble victimización.

Todo lo anterior provoca un ambiente escolar permisivo de la violencia e injusto, bajo la "ley del silencio".

La violencia escolar y el bullying son fenómenos que recientemente se han identificado en escuelas mexicanas, no obstante que su estudio comenzó en la década de los setenta cuando el escandinavo Dan Olweus –pionero en su exploración, descripción y explicación– desarrolló, con base en sus investigaciones, programas de intervención que hasta hoy son empleados en distintas partes del mundo. En la década de los ochenta se inició la investigación del acoso entre iguales en Inglaterra e Irlanda, y en la década de los noventa se inició el desarrollo de una serie de investigaciones en Alemania, España, Holanda, Italia y Portugal. En México, fue hasta 2007, cuando se comenzó a hablar del fenómeno y a partir de ese año se inició la descripción de la violencia escolar –incluso a algunos profesores la palabra bullying les parecía poco adecuada– y fue en 2008 cuando apareció publicado uno de los primeros artículos que reconoce al bullying como objeto de estudio, en una revista mexicana, con datos de estudiantes de secundaria del sureste del país.

El interés internacional por el estudio de estos fenómenos ha permitido tener una amplia descripción y explicación, permitiendo guiar el diseño de programas de intervención y detección, identificando que es un fenómeno que afecta a estudiantes que van desde preescolar hasta bachiller. En general, los estudios confirman que la violencia y el bullying parecen ser una forma habitual de relación entre los estudiantes (Díaz Aguado, Martínez, Martín, 2004), y que es visto por algunos profesores como un proceso "normal" e incluso necesario para forjar el carácter del alumnado.

La violencia y bullying son un tipo de agresión considerado como un problema social por las consecuencias a corto y largo plazo para la víctima, los agresores y el clima social escolar, pues afecta la relación con el profesorado; en algunos casos extremos, el abuso entre los escolares es antecedente potencial del suicidio y de una conducta antisocial en jóvenes.

Estos problemas en el contexto escolar no son un fenómeno "que acaba de llegar a México". La situación actual, como bien señala Díaz Aguado, parece formar una conducta habitual en la *escuela tradicional,* en la que se sigue esperando que el control del comportamiento del alumno se produzca a partir de la obediencia incondicional a las normas establecidas únicamente por las autoridades y el profesorado, caracterizándose por el uso de prácticas de disciplina inconsistentes que en muchos casos van acompañadas de maltrato emocional o físico.

El bullying se desarrolla en *escuelas* que permiten la solución de conflictos por medio de golpes y maltrato emocional. En escuelas cuyo discurso defiende la diversidad pero en la práctica se rechaza lo que se percibe como diferente, como la vestimenta, forma de hablar y pensar, el color de la piel, la etnia, religión, etcétera, en las que se confunde el comportamiento agresivo con "juegos rudos", no imponiendo sanciones para las personas de comportamiento agresivo.

A lo largo de las últimas décadas, los problemas de la violencia y el acoso escolar o bullying han sido reconocidos en diversas áreas de la sociedad, ya que académicos, investigadores, autoridades educativas, padres de familia y sociedad en general, están uniendo esfuerzos para su reconocimiento y atención. Gradualmente el tema ha ido tomando lugar en las agendas gubernamentales de México y en la actualidad su estudio impacta a programas federales como *Escuela Segura* o a programas del gobierno del Distrito Federal como el de *Escuelas sin Violencia,* que van mas allá de la descripción del fenómeno, ya que han incorporado en sus líneas de acción la atención y prevención de la violencia escolar y el bullying.

Este libro acerca al lector a un fenómeno cuyo estudio tiene más de 30 años en países europeos. Aquí se abordará el estudio de la violencia y el bullying con sus dos facetas: entre iguales y en la interacción profesor-alumno, cuyo reconocimiento es reciente.

Con su lectura el lector identificará una denuncia científica para sensibilizar, por medio de evidencia empírica, a todos aquellos interesados en servir a la sociedad, a todos los que asumen, desde cualquier función, el compromiso de construir una sociedad más sana en la que niños, niñas, adolescentes, profesores, directivos, entre otros, estén libres de violencia en el contexto escolar. Sin embargo, para lograrlo aún falta mucho, mucho, por hacer… Demos el primer paso: conocer el fenómeno.

PRIMERA PARTE

CAPÍTULO I

CONCEPTOS BÁSICOS:
VIOLENCIA Y ACOSO ESCOLAR O BULLYING

VIOLENCIA ESCOLAR: UN TIPO DE AGRESIÓN

La agresión ha sido definida como una conducta que se centra en hacer daño o perjudicar a otra persona. Para facilitar su estudio, la agresión ha sido identificada en varios tipos: física, verbal, indirecta, directa, instrumental, hostil, antisocial, proactiva, reactiva, cubierta, relacional y social.

Con respecto al bullying, se ha identificado que se encuentra estrechamente relacionado con los tipos de agresión reactiva y proactiva, entendiéndose por agresión reactiva a la reacción defensiva ante situaciones que la persona percibe como amenazantes; detrás de esta defensa existe enojo, se pierde el control, pues este comportamiento ayuda a aliviar o disminuir la percepción de amenaza. Por otra parte, la agresión proactiva se usa cuando se quiere obtener "algo" que se desea y no se usa para aliviar la percepción de amenaza. La agresión proactiva se adquiere y mantiene, cuando se aprende que usando la agresión se pueden lograr resultados en beneficio propio, por lo que se ha identificado que los niños bully usan la agresión proactiva (Dodge y Schwartz, 1997).

En el proceso del bullying, se ha observado que existe una estrecha relación entre la agresión proactiva, la agresión reactiva y el bullying. El alumnado bully justifica el empleo de su conducta agresiva diciendo que "está bien" usar la agresión, y la valora positivamente para obtener su propósito (agresión proactiva). Por otra parte, cuando la víctima de bullying se defiende violentamente ante los ataques de sus compañeros, debido a lo amenazante de la situación (agresión reactiva), en otros estudios vemos que este tipo de estudiante juega un doble rol en el bullying: víctima y bully.

Se habla de agresión relacional cuando se tiene la intención de causar daño emocionalmente; por ejemplo, cuando se le prohíbe a un niño participar en juegos, o equipos de trabajo, o cuando se esparcen rumores con la intención de aislarlo. La llamada agresión abierta provoca daño físico, acompañado de amenazas verbales, o de intimidación. Se ha logrado distinguir que los niños emplean con mayor frecuencia la agresión abierta y las niñas la agresión relacional (Crick y Grotpeter, 1995).

El alumnado que se comporta violentamente en el contexto escolar, presentan dificultades en el área social. Por ejemplo, cuando los niños viven una situación neutral y la perciben como violenta, como en el caso de que un niño violento reciba de forma accidental un empujón por parte de otro compañero. El niño que recibe el empujón percibe esta situación como un acto de violencia dirigido intencionalmente hacia él, por lo que responde de forma impulsiva y violenta, porque los niños de comportamiento agresivo focalizan su atención únicamente en la agresión, olvidando el contexto, por lo que generalmente atribuyen, erróneamente, una intención hostil a situaciones sociales neutras (Mendoza, 2010c).

Para concluir este apartado es importante considerar la influencia que los contextos ambientales tienen en la conducta del ser humano. En el comportamiento agresivo, el alumnado aprende a usar este comportamiento y mantiene su uso, debido a que recibe del entorno diversos tipos de reforzamiento que son indicadores de su comportamiento. Por ejemplo, funciona su actitud negativa si obtiene algo que desea y se da cuenta que no hay consecuencias por su comportamiento, que ningún adulto se da cuenta de lo que pasó y además la víctima ahora le tiene miedo, por lo que otros compañeros lo perciben como héroe y, así, su conducta violenta le funciona en su ambiente escolar. Por otra parte, existe una amplia gama de estudios científicos que señalan que cuando una persona convive en su entorno con personas que usan el comportamiento violento para resolver situaciones conflictivas, son un excelente modelo para que los niños aprendan a usarlo en el contexto familiar o escolar y, con el paso del tiempo, los niños, adolescentes y jóvenes, aprenden el valor funcional del comportamiento violento, por lo que extienden su uso en diversos contextos en los que se desarrollan: la familia, la escuela, la comunidad o la sociedad, convirtiéndose en una constante que se mantiene a partir de múltiples causas.

Violencia y acoso escolar, definición conceptual y operacional

Definición conceptual

Los primeros estudios sobre violencia en el contexto escolar y bullying, se desarrollaron a partir de la década de los setenta, gracias al primer acercamiento de Olweus a su estudio.

Dan Olweus, en la Reunión Internacional de Violencia Escolar, organizada por el Centro Reina Sofía para el Estudio de la Violencia, señaló que la traducción de bullying al castellano es acoso escolar; sin embargo, pueden emplearse ambas palabras para referirse a este fenómeno o como algunos investigadores la traducen: maltrato entre iguales, aunque esta última descripción podría prestarse a algunas confusiones, debido a los recientes reportes de investigación respecto a acoso escolar en la interacción profesorado-alumnado. En cualquier caso, para medir el acoso escolar, es importante realizar una definición operacional de los tipos de bullying.

Para tener mayor claridad sobre la diferencia entre violencia y acoso escolar (bullying), conviene destacar que ambas se encuentran dentro de la categoría denominada agresión. La violencia escolar se diferencia del bullying fundamentalmente, porque este último se caracteriza por la persistencia y el desequilibrio entre víctima y acosador, al que llamamos bully.

Con respecto a la definición de la violencia, existe amplio consenso en definirla como "el uso deliberado de la fuerza física o el poder, ya sea en grado de amenaza o efectivo, contra uno mismo u otra persona, un grupo o comunidad, que cause o tenga muchas probabilidades de causar lesiones, muerte, daños psicológicos, trastorno del desarrollo o privaciones" (UNESCO, 2005).

Se considera violencia escolar a los conflictos ocasionales, poco frecuentes entre el alumnado; o bien, a los conflictos frecuentes entre personas de fuerza física o mental similar, siendo eventos aislados de violencia entre escolares; por ejemplo, dos estudiantes de secundaria pelean a golpes por una chica; sin embargo, antes de este episodio violento no había antecedentes de agresión entre ambos y, considerando que ambos tienen un desempeño académico similar y en general tienen características físicas semejantes en estatura y peso, el episodio se identifica como violencia escolar.

Con respecto al bullying, desde hace 30 años se ha identificado como una forma de violencia específica. Su estudio enfrentó dificultades al no encontrar una definición operacional clara, por los que los estudios de los expertos en el área como Dan Olweus en Noruega, Peter K. Smith y Helen Cowie en Inglaterra, Catherine Blaya y Erick Debarbieux en Francia, Rosario Ortega Ruíz y María José Díaz-Aguado en España, Ken Rigby en Australia, Debra J. Pepler y Wendy M. Craig en Canadá, entre otros investigadores, han contribuido a la definición y clasificación de las conductas exhibidas durante los episodios violentos.

Olweus (1993), define el acoso escolar como una acción negativa que puede realizarse a través de: contacto físico, palabras, comportamiento no verbal (gestos, caras), y por la exclusión intencional de un grupo. Considera, que el acoso escolar se caracteriza por tres criterios:

a. Se causa daño, a través del maltrato físico, emocional, sexual o por la exclusión social.
b. Es una conducta que se realiza repetidamente a través del tiempo.
c. Se presenta en una relación interpersonal y se caracteriza por desequilibrio de poder o fortaleza.

El autor también expresa que existen ciertos factores que influyen para que el bullying aparezca como, por ejemplo, ciertas características de personalidad, patrones conductuales de afrontamiento a episodios de violencia escolar, en combinación con la fuerza física o la debilidad (principalmente en hombres), así como la influencia del medio ambiente (actitudes de los profesores, rutinas conductuales y de supervisión).

A partir de los estudios de Olweus en los años setenta, se desarrollaron una serie de investigaciones para el estudio del bullying, enfrentando la necesidad de consensuar definiciones para guiar su estudio. Algunos investigadores recalcan el hecho de que el bullying generalmente ocurre en grupo, cuando la agresión puede ser dirigida por un grupo de personas.

Las investigaciones internacionales han permitido identificar una variedad de conductas que se presentan en episodios de bullying:

a. Agresión física directa (golpear).
b. Agresión verbal directa (apodos).
c. Agresión indirecta, caracterizada por: chismes, rumores y la exclusión, a través de los cuales deliberadamente no se permite a una persona su entrada a un grupo.

En conclusión, las investigaciones sobre bullying definen que los criterios que distinguen al acoso escolar o bullying, de la violencia escolar, son:

- *Desequilibrio:* existe un desequilibrio de poder económico, social o físico, entre el agresor y la víctima.
- *Persistencia:* no es una situación aislada, sino de episodios repetidos de violencia contra un compañero en particular, por lo que la agresión se hace sistemática, deliberada y repetida.
- *Conductas de maltrato:* los ataques del acosador dañan a la víctima, a través de maltrato físico, emocional o sexual.

Una característica más que podemos añadir al bullying, es que se rige bajo la "Ley del silencio", ley en la que participa el acosador (bully), la víctima y otros alumnos como espectadores de los episodios agresivos, quienes guardan silencio por temor a las represalias, o porque perciben el problema como algo ajeno a ellos en el que no deben de participar, demostrando que no sienten empatía por las víctimas. Para que funcione esa ley, la comunidad educativa tiene una participación crucial, ya que contribuye a que los episodios se mantengan al creer que las conductas de bullying, como dirigir cotidianamente a una persona apodos, darles "zapes" o esparcir rumores maliciosos, etcétera, son conductas propias de la edad y lo toman como comportamientos que ayudan a forjar el carácter del alumnado, o como conductas que son parte del "juego" que no afectan el clima escolar; en otras ocasiones, la escasa confianza entre alumnado y profesorado es una barrera que impide que los alumnos victimados soliciten ayuda.

Finalmente, conviene destacar que Dan Olweus ha expresado que el bullying comparte algunos patrones conductuales con otros comportamientos agresivos, como son crueldad, peleas, violencia, rompimiento de reglas y, en general, un comportamiento antisocial.

Las investigaciones desarrolladas desde el Centro Reina Sofía para el Estudio de la Violencia, han permitido identificar que una conducta se considera bullying cuando cumple, por lo menos, con tres de los siguientes factores:

- La víctima se siente intimidada.
- La víctima se siente excluida.
- La víctima percibe al agresor más fuerte.
- Las agresiones son cada vez de mayor intensidad.
- Las agresiones suelen ocurrir en privado.

DEFINICIÓN OPERACIONAL

A continuación se presenta una revisión del cuerpo teórico qué permite definir operacionalmente a la violencia y al bullying. Esta definición se considera pertinente, ya que permite identificar las conductas que describen a ambos conceptos, lo que facilita su prevención e intervención.

La UNESCO ofrece una lista de conductas que permiten identificar la violencia en el contexto escolar:

- Acciones de amedrentamiento
- Riñas
- Discriminación
- Destrucción de la propiedad
- Venta, posesión y uso de drogas y alcohol
- Portación de armas
- Acoso sexual
- Abuso sexual (entre compañeros; entre profesores y estudiantes o entre profesores)
- Maltrato físico, emocional o mental

Con respecto al bullying, se ha identificado que este fenómeno incluye las siguientes acciones:

- Poner apodos a otros
- Burlarse

- Excluir socialmente
- Dirigir agresiones físicas
- Maltrato emocional

A través de investigaciones dirigidas por los principales estudiosos del tema, se ha clasificado al bullying en tres tipos, de acuerdo a conductas operacionalmente definidas:

MALTRATO FÍSICO. Se refiere a acciones que se realizan para provocar daño o lesiones físicas. Este tipo de maltrato conductualmente se describe como: golpear o pegar a otra persona con cualquier parte del cuerpo o con objetos; p. ej. dar patadas o puñetazos, o dar palmadas en la nuca, conocidas en México como "zapes". Otras acciones pueden ser:

- *Empujar:* mover intempestivamente a otra persona, haciendo uso de cualquier parte del cuerpo u objetos.
- *Pellizcar:* oprimir con fuerza (empleando mano o dedos), cualquier parte del cuerpo de la otra persona.
- *Escupir:* lanzar saliva al cuerpo o pertenencias de otra persona.
- *Robar:* tomar dinero o las pertenencias de otros (sin autorización).
- *Esconder cosas:* guardar las pertenencias de otra persona en un lugar desconocido para la víctima.
- *Romper cosas:* lastimar, destrozar las pertenencias de otras personas, de forma no accidental.
- *Amenazar con armas:* mostrar armas (puede hacerse acompañado de intimidaciones verbales, para conseguir un objetivo determinado).

MALTRATO VERBAL. Son acciones orales que producen daño emocional en quien las recibe. Se definen conductualmente como:

- *Amedrentar:* emplear palabras para producir miedo, para intimidar, atemorizar o amenazar.
- *Denigrar:* utilizar palabras para humillar, poner apodos o nombres despectivos, que describan algún rasgo característico de la persona con respecto a su vestimenta, aspecto físico, etcétera. Es increíble pero las personas se habitúan a este tipo de maltrato considerándolo incluso como algo "normal".

- *Burlarse:* usar palabras para describir alguna característica de la persona (conductual, física, rasgo, etcétera), con el objetivo de avergonzarla.
- *Insultar:* hacer uso de palabras altisonantes para maltratar a otra persona.
- *Hablar mal de otros:* expresar opiniones negativas de otras personas cuando no se encuentran presentes.

Maltrato psicológico o indirecto. Son acciones que se realizan para excluir socialmente a una persona de un grupo. En esta categoría también se consideran conductas como encerrar a una persona en un aula o cuarto, además de:

- *Ignorar:* no dirigir la palabra, o no tomar en cuenta la presencia de compañeros como si la persona a quien se ignora no estuviera presente.
- *No dejar participar:* cuando un alumno expresa querer participar en una actividad académica o lúdica, y se les niega el acceso a la actividad.
- *Aislar o marginar:* cuando un alumno —o grupo de alumnos— no invitan o no se toma en cuenta a un compañero para participar en actividades académicas o lúdicas.
- *Desprestigiar o difamar:* ocurre cuando se expresan opiniones negativas y no veraces acerca de una persona; o se envían notas desagradables con contenido negativo acerca de los rasgos, características, habilidades o comportamientos de un compañero; o bien, esparcir rumores maliciosos (realizar constantes comentarios negativos sobre una persona y esparcirlos en diferentes grupos de amigos).

Mediante una serie de investigaciones internacionales dirigidas por los expertos en el área, se ha identificado consistentemente que el tipo de bullying que con mayor frecuencia se presenta es la exclusión, escalando a la agresión verbal, física y, en algunos casos, puede llegar a niveles extremos como abuso sexual, amenaza y uso de armas.

Por lo tanto, profesorado y padres de familia deben conjuntar acciones para detener el bullying tempranamente, identificando al alumnado que es ignorado, excluido, llamado por apodos, así como al alumnado que solicita reiteradamente al profesorado trabajar solo y no en equipo, ya que este tipo de alumnos tienen que ser ayudados para que salgan del aislamiento en el que pueden encontrarse.

Como ya señalamos, el abuso sexual y el robo, son conductas antisociales que también son consideradas formas de bullying. Respecto al lugar en el que se desarrollan las conductas de acoso escolar, los principales estudios han detectado que ocurren con más frecuencia en el patio o en el aula escolar, áreas que deberían ser constantemente supervisadas por el profesorado.

CYBERBULLYING

Otro tipo de bullying que ha sido identificado más recientemente es el *cyberbullying*. A finales del 2006, en el Congreso de la Sociedad de Psicólogos Londinenses, el equipo de investigación de Peter K. Smith presentó los primeros datos sobre cyberbullying, concepto que se define como el uso de aparatos informáticos para causar daño constante a otro alumno (exclusión, burlas, insultos, esparcir rumores maliciosos con respecto a su persona, etcétera). En este tipo de bullying el agresor normalmente se encuentra en el anonimato, usando nombres falsos para no ser identificado, lo que sitúa a la víctima en mayor indefensión. El cyberbullying daña a la víctima rápidamente ya que se esparcen imágenes o información para maltratar a la víctima de forma masiva.

Peter K. Smith, identifica varios tipos de cyberbullying:

- Hostigamiento: envío y difusión de mensajes ofensivos, maliciosos y vulgares.
- Persecución: envío de mensajes amenazantes.
- Denigración: difusión de rumores sobre la víctima.
- Violación a la intimidad: difusión de secretos o imágenes.
- Exclusión social: exclusión deliberada de la víctima de grupos de red.
- Suplantación de la identidad: Enviar mensajes maliciosos haciéndose pasar por la víctima.

En México, lamentablemente existe una página en la Web, llamada *La jaula,* página a través de la cual los estudiantes ejercen cyberbullying hacia otros compañeros o los profesores.

Conviene destacar que el cyberbullying comparte características del bullying, además de contar con las suyas propias, como:

- *No hay lugar seguro:* la víctima no se siente segura en ningún lugar, dado que los ataques pueden llegar en cualquier momento y en cualquier parte; en cambio en el bullying tradicional el alumno se siente protegido en casa.
- *Anónimo:* aunque generalmente el cyberbullying es anónimo, se ha detectado que no siempre es así, ya que las víctimas de cyberbullying con frecuencia fueron victimizadas en la escuela cara a cara, y el maltrato continúa a través de dispositivos informáticos, debido a que el daño es exponencial, los rumores que dañan a la víctima se esparcen con rapidez y así al alumno bully le resulta "más divertido" que el bullying tradicional.
- *Agresiones repetidas:* en cyberbullying las agresiones se repiten una y otra vez, dado que la información en la Web es permanente, por lo que el daño es exponencial por el número de espectadores.
- *Escasa visibilidad parental:* generalmente los padres no se dan cuenta del daño que su hijo está recibiendo debido a una falta de comunicación entre ellos. La poca cordialidad y confianza hace que el hijo no solicite ayuda e incluso llegue a pensar que es normal o es una situación que "a todos les pasa".

¿Cómo se combina el bullying tradicional y el cyberbullying?

Existen casos en los que el alumno bully comienza con el acoso cara a cara en el plantel escolar, combina el bullying con el cyberbullying cuando la víctima abandona el plantel donde no ha tenido el apoyo de las autoridades educativas (p.ej. en algunas ocasiones se expulsa a la víctima calificándole como alumno que daña la imagen del plantel), o cuando permanece en el plantel pero no recibe apoyo de las autoridades educativas, ya sea porque no le creen o porque el alumno percibe un ambiente injusto en el que no recibirá protección.

En otras ocasiones el alumnado que desempeña doble papel, tanto de víctima como de bully (*víctima/bully*), es victimizado cara a cara por alumnos que él percibe más fuerte por lo que, a la vez acosa a otros que percibe como más débiles. Este alumno usa cualquier dispositivo electrónico, respaldándose en el anonimato, lo que le hace más fuerte para acosar, teniendo la oportunidad de lastimar al alumnado que lo maltrata cara a cara en el plantel escolar.

Lo que se sabe del cyberbullying:

- 60% del alumnado "molestado" no se lo dice a sus padres ni a otros adultos.
- Si se participa en episodios de bullying cara a cara en el plantel escolar, es altamente probable que se participe en episodios de cyberbullying.
- Generalmente las víctimas de bullying que conocen cara a cara a sus agresores, son víctimas en cyberbullying de los mismos alumnos bully.
- Son más victimizadas las chicas que los chicos y la etapa de mayor riesgo es la secundaria.
- Las investigaciones señalan que generalmente el acoso tiene una duración de un mes (dejando huella de maltrato importante en la víctima).
- Al igual que en bullying, los agresores no sienten empatía por sus víctimas y no les interesa el daño que les causen).

CASO I
ALUMNOS DE SEXTO GRADO DE PRIMARIA

En este caso, la escuela tardó un ciclo escolar en determinar qué alumnos participaban en los episodios de bullying.

Cotidianamente el alumno bully, el secuaz y el seguidor pasivo, maltrataban a alumnos identificados como víctima/bully o que exhibían doble rol, recibiendo amenazas (p.ej. incluso con la mirada), insultos, escalando a niveles de agresión que culminan en peleas físicas y llegaban hasta a golpizas con armas fuera del plantel escolar.

Tres de los alumnos participantes se identificaron como víctima/bully, agredidos por alumnos bully, por el secuaz y el seguidor pasivo y ellos, a su vez, ejercían agresión hacia otros compañeros.

Los alumnos que juegan un doble rol víctima/bully, reconocen, a través de asambleas escolares, que son "usados" por los alumnos bully para "crear peleas" y grabarlas. No es sorprendente que los alumnos que se involucran en situaciones agresivas identifiquen que están siendo "usados" por otros compañeros, ya que reconocen claramente las amenazas, así como el poder y el control que el alumno bully tiene sobre ellos. Las agresiones terminaron cuando se pusieron en práctica todos los componentes diseñados para disminuir violencia escolar y bullying.

CASO 2
ALUMNO DE TERCER GRADO DE PRIMARIA

Un alumno que cotidianamente fue maltratado por otro alumno, identificado como el secuaz del grupo de alumnos bully, recibe golpes, amenazas, burlas y hasta se presentan intentos de ser tocado en sus partes íntimas, dado que el alumno secuaz, percibe todo esto como un "juego". El niño fue acosado durante más de un mes, y en todo este tiempo ningún adulto se había percatado de ello –con excepción de alumnado espectador, que también era amenazado por el alumno bully y sus seguidores–, hasta que el niño victimizado decidió romper el silencio, solicitó ayuda a su mamá, pidiéndole no ir a la escuela, ya que no quería seguir siendo lastimado. Afortunadamente la madre escuchó a su hijo e inmediatamente pidió ayuda a la profesora de grupo, quién brindo protección al niño victimizado, sin culparlo. La profesora entrevisto al alumno bully y al secuaz por separado, informándoles que se haría un monitoreo de su comportamiento a través de un buzón escolar y les advirtió que no pasaría ningún tipo de maltrato hacia cualquier alumno, y que recibirían una sanción, un costo o consecuencia, cada vez que maltrataran a algún compañero de clase.

O sea, la maestra detuvo el acoso y empleó estrategias que se describirán a lo largo del texto. (Conviene destacar que la profesora estaba siendo capacitada para atender casos de violencia o acoso escolar con base en este manual.)

Es necesario aceptar que el bullying no es una conducta "azarosa" que surge "de la nada", este tipo de agresión es aprendida. El alumno bully ha identificado que al maltratar a la víctima no hay consecuencias negativas y obtiene lo que desea. El alumno agresor normalmente aprovecha la aceptación que el contexto escolar brinda a la agresión, ya que en

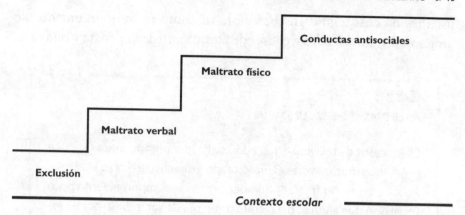

Figura 1. Escalamiento conductual en episodios de bullying.

algunas ocasiones se confunde al bullying con conductas que "son parte del juego" o "son normales entre los alumnos" como los apodos, zapes, bofetadas, empujones o tomar las propiedades de otros, entre muchas otras.

En la figura 1 se muestra gráficamente el escalamiento de las conductas violentas que se presentan en episodios de bullying, y que pueden presentarse de forma combinada, de esta manera un acosador puede hablar mal a las espaldas de un compañero (agresión indirecta), al tiempo que le esconde sus cosas o se las rompe.

Esta figura indica gráficamente que la exclusión es la conducta con la que puede iniciarse el acoso hacia los compañeros y, de ahí, se escala a otros niveles, por lo que esta información es una guía útil que resalta la importancia de detener el bullying cuando comienza (fase de exclusión), evitando que escale a conductas antisociales que incluso sobrepasan las barreras de la escuela, aunque no por ello deja de ser un problema que la escuela no pueda atender. Cotidianamente se tienen ejemplos desafortunados en escuelas mexicanas, en las que niños de secundaria o bachiller son golpeados en grupo, fuera de la escuela. Lamentablemente las víctimas, desde años atrás sufrían exclusión, maltrato verbal y físico por parte de los compañeros agresores.

El contexto escolar que señala la figura 1, se refiere al ambiente escolar que es regulado por múltiples factores: reglas escolares, estilos de docencia (proceso de enseñanza-aprendizaje), atención a la diversidad (aulas inclusivas), prácticas de disciplina empleadas (coercitivas inconsistentes o consistentes sin coerción), así como el comportamiento de profesorado, autoridades y padres de familia ante la violencia y bullying.

Caso 3
Alumnado de secundaria

En los casos de bullying estudiados, se ha identificado que existe una señal –que muchas veces el profesorado y directivo del plantel escolar no saben como enfrentar y atender–, como el comportamiento poco usual de algún alumno del plantel como puede ser rodarse por las escaleras, aventarse de algún piso e, incluso, robar.

En un caso de bullying ocurrido entre estudiantes de secundaria, se escaló a niveles de agresión extrema en contra del alumnado víctima, hasta llegar a conductas antisociales. Directivos y profesorado "no se percataron" que el alumnado víctima solicitaba ayuda a través de su comportamiento: aventarse de las escaleras, llamar la atención robando objetos, aislándose, escondiéndose para no entrar a clases. Y antes de este tipo de comportamiento, el alumnado había solicitado ayuda a los directivos del plantel escolar por la agresión extrema de la que estaba siendo objeto y declaró que ya no quería ir a la escuela. Nadie escuchó su llamado desesperante, hasta que la violencia escaló a niveles antisociales señalados en la figura 1.

En casos de violencia escolar, y bullying, se tiene que destacar que el comportamiento que los adultos demuestran ante los actos violentos, influye notablemente para detener o promover el comportamiento del acosador (bully), *ya que al minimizar, ignorar o negar los episodios violentos, refuerzan la conducta del bully,* trasmitiendo la idea de que puede usar la violencia para obtener lo que quiera sin que tenga consecuencias. En otras ocasiones los adultos responsabilizan a la víctima de la agresión recibida, provocando una "doble victimización", haciéndoles sentir que no recibirán apoyo escolar. Algunas de las frases que generalmente emplea el profesorado o cualquier otro miembro de la comunidad educativa, son: "aguántate, así se llevan"; "eres un chillón, de todo lloras"; "a ver si así aprendes a ser hombrecito"; "aprende a defenderte, y no llores"; "si te pegan, pega"; "ni modo mano, así es la vida de dura" o "aprenda a golpes".

VIOLENCIA ESCOLAR Y BULLYING EN MÉXICO

El bullying en México no es una "moda," tampoco es un concepto recientemente "inventado" y mucho menos "acaba de llegar a México", como se ha afirmado. Es una serie de comportamientos que ha estado presente en escuelas mexicanas desde que han existido, donde identificamos: *desequilibrio* entre el estudiante acosador y la víctima (desequilibrio en: poder, fuerza, estatus social, economía, popularidad, inteligencia, capacidades diferentes, etcétera); *persistencia* de la agresión; es decir, no son agresiones aisladas sino episodios de violencia repetidos contra un compañero en particular, por lo que la agresión se hace cotidiana, e incluso planeada; los ataques del acosador provocan daño a la víctima. Aunado a todo lo anterior, esta conducta de bullying tiene como marco una escuela cuyos docentes y directivos no saben como actuar ante este fenómeno.

Tradicionalmente, el estudio del acoso escolar se ha efectuado a partir de instrumentos de medida indirecta basados en la metodología propuesta por Olweus (1993), siendo hasta ahora escasos los estudios que se han desarrollado a partir de la metodología observacional.

Los recientes estudios de violencia y acoso escolar desarrollados en nuestro país, han empleado distintas estrategias metodológicas como la etnografía, cuestionarios y entrevistas, estando casi todos ellos reportados en la *Revista Mexicana de Investigación Educativa*. Con respecto a estudios de bullying que emplean metodología observacional, aún son escasos. En la UNAM se desarrolló un estudio de la evaluación conductual del bullying (Mendoza y Santoyo 2010), identificándose que:

a. Es posible evaluar el desequilibrio entre víctimas y agresores, a través de la aplicación de una ecuación conocida como índice de reciprocidad (Santoyo, Colmenares, Cruz y López, 2008), que permite conocer la asimetría de intercambios sociales coercitivos, identificándose que las víctimas se involucran en conflictos que ellas no inician, siendo el alumnado bully (agresor) quien los comienzan.

b. Otra aportación del estudio, a partir de la metodología observacional, indica que el bullying ocurre en el aula escolar y en presencia de la profesora, por lo que se confirma la hipótesis de que el profesorado parece no identificar todos los episodios de bullying que se presentan durante la clase.

c. Se asentó también que para detener la victimización se tiene que ayudar a la víctima no únicamente en fortalecer sus habilidades sociales, y mucho menos creer que estas habilidades sociales aparecen "azarosamente" y se van adquiriendo a través de las "etapas de desarrollo", sino más bien se debe detener la victimización pues de eso depende una serie de factores responsables de tal desarrollo y regulación, que no emergen aisladamente, y fomentarlos pueden proteger al alumnado del riesgo de ser acosado por otros compañeros de la escuela. Estos factores son:

- *Responsividad social.* Se involucra en las pláticas con sus compañeritos cuando ellos se dirigen a él.
- *Efectividad social positiva.* Inicia conversaciones o interacciones sociales con sus compañeros, como invitarlos a realizar alguna actividad o a jugar.
- *Filiación.* Se siente aceptado por sus compañeros y parte de un grupo.
- *Conducta académica.* Pasa más tiempo participando activamente en trabajos académicos y mostrando interés por la clase que por otras actividades, como estar dibujando, jugando o conversando sobre temas fuera de clase.

Actualmente, observaciones en aulas escolares en las que existe bullying (Mendoza, 2010a, c), permiten afirmar que factores que protegen al alumnado víctima, son los siguientes:

- *Monitorear cotidianamente.* El profesor revisa que todos los alumnos cuentan con el material para realizar la actividad, que siguen instrucciones, comprenden lo que están haciendo y finalizan el trabajo en el aula.
- *Motivar académicamente.* El profesor brinda la oportunidad a sus alumnos de aprender a través de estrategias que se adaptan a su edad e intereses, por lo que les motiva a realizar su trabajo académico, evitando que se "distraigan".
- *Desarrollar asambleas escolares.* En las cuales se escuche lo que el alumnado está viviendo. Lo más importante es que el profesorado actúe, dando sanciones al comportamiento acosador que exhiba el alumnado.

- *Establecer estrategias en colegiado.* Profesores y directivos deben poner en prácticas acciones que protejan a los alumnos como: asambleas y toma de acuerdos con padres de familia, buzón de quejas del alumnado, seguimiento y operación cotidiana del reglamento escolar.
- *Operar el liderazgo del profesorado.* En México se ha identificado que un factor decisivo para detener el bullying, es la participación activa del profesor para atender los casos, expresando incluso frases como: "Mi compromiso de aquí en adelante es proteger a los alumnos que estén siendo molestados", invitando abiertamente al grupo a romper el silencio, garantizado su seguridad.
- *Desarrollar autoestima en el aula.* El profesorado lleva a cabo cotidianamente estrategias que permiten que el alumnado se sienta valioso entre los compañeros; por ejemplo: le resuelve dudas, le brinda oportunidades para que tenga protagonismo positivo en el aula, como hacerlo repartir el material para actividades; no lo maltrata, no le ridiculiza, no se burla de él, ni le grita.

CASO 4
DOS NIÑOS DE QUINTO GRADO

En los casos de bullying en los que se ha usado violencia extrema, llegando incluso a la conducta antisocial, se ha identificado que el alumnado percibe que su profesor no se involucra para detener el bullying y hasta llega a promover el acoso. Lamentablemente, esta percepción del alumnado es real y he aquí un ejemplo:

A la "hora de la salida", a escasos metros de la puerta de la escuela, dos niños de quinto tienen una pelea física. Ramiro es quien comienza la pelea y es quien cotidianamente, molestaba a Sebastián, burlándose, amenazándole, pegándole. El profesor ignoraba toda clase de quejas de Sebastián, siempre le "echaba la culpa" diciéndole: "así se llevaban, ahora aguántate". Un día, el profesor cansado de las quejas de sus alumnos, gritando impuso la siguiente regla: "de aquí en adelante quien se lleva se aguanta". Y el alumnado entendió claramente los mensajes: "el maestro nos dio permiso de pegarnos", "al maestro no le importa si nos pegan", "mejor no le decimos, ni hace caso". Fue en ese momento cuando el grupo realmente vivió lo que significaba estar en un aula sin ley, en

donde ellos mismos tenían que defenderse, sin solicitar ayuda al profesorado. El resultado fue que las expresiones de agresión fueron escalando hasta llevar el conflicto a peleas físicas fuera de la escuela.

Es importante mencionar que aun cuando el alumnado víctima puede dejar de serlo debido a que se activan una serie de factores que lo protegen (como se demuestra en las investigaciones de la autora), el bullying no necesariamente finaliza, ya que el acosador encontrará nuevas víctimas a las que dirigirá su comportamiento agresivo.

En otros países se ha identificado consistentemente que la gran mayoría de los estudiantes han vivido situaciones violentas en algún momento de su etapa escolar y dichos estudios han permitido:

a. *Describir el fenómeno:* tipos de participantes, tipos de bullying, incidencia, perfil de los participantes.
b. *Explicarlo:* conocer los factores que sitúan en mayor riesgo de que los alumnos se involucren.
c. *Desarrollar predicciones:* detectar las consecuencias a corto y largo plazo o los factores que protegen al alumnado de involucrarse en situaciones violentas.
d. *Controlarlo:* guiar propuestas de intervención y prevención desde un ámbito educativo.

PAPELES QUE EL ALUMNADO DESEMPEÑA EN EL ACOSO ESCOLAR: VÍCTIMA, AGRESOR Y VÍCTIMA/AGRESOR

Tradicionalmente en las investigaciones de acoso escolar, los escolares se han clasificado como agresores, víctimas y espectadores; sin embargo, en la actualidad se conoce que son más los actores que participan en ellos.

En la década de los 90 se ofreció una tipología del alumnado participante, identificando tres papeles que desempeñan los estudiantes en episodios de bullying: acosadores, víctimas y espectadores. En cuanto a la víctima, encontraron dos tipos: la pura y la que respondía con agresión, hoy día se conoce que este último tipo de estudiante desempeña un doble papel: víctima/agresor, que se define como un estudiante que acosa a otros y que también es acosado.

Las investigaciones al inicio de la década de 2000, lograron subdividir la participación de alumnos en episodios de bullying: los que desempeñan el papel de víctima pura (estudiante que recibe conductas agresivas de otros); los que hacen el rol de bully o acosador (estudiantes que ejercen conductas de agresión hacia otros), el que hace el papel de espectador (estudiante cuyas acciones o ausencia de ellas, refuerzan el comportamiento del agresor), y el papel del no involucrado (estudiante que no participa como víctima ni como agresor ni tampoco como espectador).

Posteriormente se desarrollaron estudios multiculturales en China, Inglaterra, Irlanda, Italia, Portugal y España, confirmándose la existencia de cuatro tipos de estudiantes que participan en episodios de bullying: víctima/acosador, acosador puro, víctima pura y el espectador.

Olweus (2005), expresa que tanto las víctimas como los agresores, ocupan posiciones claves en el acoso escolar; sin embargo hay otros estudiantes que ocupan un papel importante mediante diferentes actitudes y reacciones frente al acoso.

El investigador presentó en la Reunión Internacional de Escuela y Violencia, desarrollado por el Centro Reina Sofía para el Estudio de la Violencia, los ocho roles en el ciclo del bullying:

- *Agresor (bully o bullies).* Estudiante que comienza la agresión.
- *Seguidor o secuaz.* El que participa activamente una vez que el agresor (bully) comienza a molestar a la víctima.
- *Acosador pasivo.* Quien refuerza el comportamiento del agresor al aprobar su comportamiento.
- *Seguidor pasivo.* El que no se involucra en el episodio de acoso, pero es un probable acosador.
- *Testigo no implicado.* Observa lo que pasa y no se involucra.
- *Posible defensor.* Personaje que no aprueba el acoso escolar, cree que debería hacer algo para ayudar a la víctima y sin embargo no lo hace.
- *Defensor de víctima.* El que trata de ayudar a la víctima.
- *Víctima.* Estudiante que es el blanco del comportamiento agresivo de otros.

Investigaciones recientes, permiten hacer la propuesta de integrar en este ciclo a otros integrantes, que también forman parte activa del acoso escolar:

- *Víctima/agresor.* El estudiante que desempeña doble rol.
- *Profesorado.* Puede ser víctima, acosador o agente de cambio para detenerlo.

Esta propuesta se realiza con base en evidencia empírica que demuestra la existencia de estos actores en el ciclo del bully (Mendoza, 2006, 2011).

PERFILES: CARACTERÍSTICAS DEL ALUMNADO

PERFIL DEL ESTUDIANTE QUE DESEMPEÑA EL PAPEL DE VÍCTIMA

Sin duda la violencia escolar es un fenómeno universal que causa a las víctimas serios problemas en la adaptación a los contextos escolar, familiar y social en los que se desarrollan.

Evidencia empírica (Olweus, 1993; Rigby, 1997) ha demostrado que cerca del 20% de los alumnos señala que ha sido víctima de violencia escolar en algún momento, en un periodo de tres a seis meses. Y en otros se ha identificado que más del 10% de los alumnos expresa que la victimización se prolonga por más años.

FACTORES DE RIESGO INDIVIDUALES

Existe una amplia gama de investigaciones que permiten identificar algunos factores que sitúan al alumnado en mayor riesgo de ser victimizado, ya sea por edad, sexo, inteligencia, impulsividad, personalidad, empatía, autoestima y factores biológicos.

- Identificación con el estereotipo femenino tradicional (sumisión y obediencia), estar acostumbradas a resolver los conflictos llorando o huyendo de ellos). La sumisión la demuestran al depender de otros niños, por lo que hacen lo que les piden.
- El sexismo, que hace creer que el sometimiento es natural en las relaciones de amistad y que es adecuado usar la violencia.
- Baja autoestima que lo hace valorarse poco, creyendo que no tiene la capacidad para enfrentarse y resolver situaciones cotidianas. Se per-

ciben a sí mismos como tontos, poco atractivos, inútiles, que no tienen habilidades para sobresalir en actividades deportivas, artísticas, sociales o académicas.

- Personalidad de "miedoso" o "inseguro". Suelen tener miedo de estar solos en casa, tener miedo de dormir solo, tener miedo a los "ambientes nuevos", etcétera; aunque sus miedos no llegan a ser fobias.
- La ansiedad, propia del alumno que cuando se expresa o contesta alguna pregunta, se mueve constantemente, o deshace las cosas que tiene en las manos, o se toca su cabello o alguna parte de su cuerpo.
- La inseguridad que se nota porque no toman decisiones por sí mismos; en el aula generalmente son callados y quieren pasar desapercibidos, pero si llegan a hacer constantemente preguntas se debe a que tienen confianza en el profesor, a la vez que es una manera de "adquirir seguridad".
- Escasas habilidades sociales para relacionarse con otros niños. Existen tres aspectos que a estos casos los hacen más vulnerables: a) carecen de amigos, b) cuando los tienen, sus amigos también son victimizados, c) son alumnos que son tímidos y les cuesta trabajo relacionarse con otros niños por lo que llegan a ser rechazados por el grupo de pares.
- Dificultades para expresar lo que sienten o piensan; por ejemplo, si no están de acuerdo en algo, prefieren quedarse callados para no entrar en conflicto con nadie.
- El aislamiento es un factor de riesgo, ya que es la condición preferida por los abusadores, que aprovechan que las víctimas no tienen amigos que los defiendan haciendo del abuso un espectáculo público.
- Rasgos físicos o culturales distintos a los de la mayoría de los niños, como ser poco o muy atractivos; tener cuerpo atlético o sobrepeso. Pueden pertenecer a una minoría o tener una capacidad diferente.
- Trastornos psicopatológicos, que pueden ir desde trastornos mentales leves, trastornos del estado de ánimo (trastorno depresivo) hasta trastornos de conducta (Serrano e Iborra, 2005).
- Bajos niveles de autoeficacia.

¿QUÉ SIENTEN LAS VÍCTIMAS DESPUÉS DE SER MOLESTADAS?

Se ha identificado que:

- 38% de las víctimas sienten el deseo de vengarse –los chicos más que las chicas y el alumnado de secundaria más que el de primaria–, y aquí existe el riesgo de que usen las redes sociales para vengarse de sus acosadores, por lo que se convierten en bully (cyberbullying).
- 37% siente enojo. Los de secundaria más que los de primaria.
- 37% siente vergüenza. Las chicas más que los chicos y los de secundaria más que los de primaria.
- 25% se siente indiferente ante el ataque de bullying, le parece normal.
- 24% se siente desprotegido, sin ayuda, y que en la escuela no tienen protección de su profesor.

CASO 5
NIÑA DE DIEZ AÑOS DE EDAD DE CUARTO AÑO DE PRIMARIA

Es una niña a la que sus padres describen como "miedosa" e insegura: tiembla, tiene escasas habilidades sociales (en la escuela tiene dos amigas, no interactúa con nadie más y en su colonia tiene un par de amigas) y no expresa lo que siente o piensa, sobre todo con sus padres.

A continuación se describe un día en su vida: en la mañana al despertarse la llevan cargando al baño, la madre le lava la cara, le cepilla los dientes y la viste (no le ayuda, ¡la viste!, la niña únicamente levanta sus brazos para que le pongan su blusa y suéter). La madre la lleva rápidamente a la escuela y la deja en la puerta.

Por la tarde, la abuela la cuida: va por ella al colegio, come con ella y le ayuda a realizar su tarea. Mientras la abuela cuida a su hija, los padres tienen actividades sumamente importantes como, por ejemplo: juegan squash, conviven con algún cliente en un restaurante y toman clases de francés. Para cuando llegan a casa, están muy cansados, por lo que la madre revisa rápidamente la tarea que hizo la niña con la abuela y posteriormente cada uno se retira a su habitación para ver la televisión.

Generalmente los fines de semana los padres atienden actividades personales como asistir a reuniones con amigos; y si llegan a convivir en familia: rentan películas y cada uno se va a habitaciones diferentes para ver su película. Desde hace más de tres años no van al cine con su hija, la niña no sabe andar en bicicleta, los padres no juegan con su ella, inclusive justifican agresivamente que no juegan con su hija porque les aburre.

Lo anterior ha repercutido en algunos de los comportamientos de la niña: tiene miedo a lugares solitarios y a lugares oscuros; ha sido maltratada por otros adultos y no se atrevía a decirlo por temor a sus padres; no se atreve a decir que es lastimada en la escuela por temor a sus padres, y su tono de voz y sus dibujos son como los de una niña de cinco años.

Sin embargo, los padres aseguran que su hija les absorbe: "todo el día estamos con ella". Cuando intentan describir de qué manera han "estado con ella todo el día", se dan cuenta que no es así. Este caso es sólo un ejemplo; sin embargo, es un patrón de conducta que se observa en muchos padres del alumnado víctima de bullying.

TIPOS DE VICTIMIZACIÓN

Las primeras investigaciones sobre victimización escolar describían a las víctimas en dos tipos: sumisas y provocativas.

La primera fue descrita como la actitud de un estudiante prudente, sensible, reservado e introvertido; tímido, ansioso, inseguro, con baja autoestima, que carecía de "mejores amigos", y normalmente se relacionaba mejor con los adultos que con sus iguales. Se identificó que este tipo de víctima, cuando era un varón físicamente más débil que sus iguales, tendía a retirarse cuando era atacado o en otras ocasiones lo "resolvía" llorando, mostrando miedo, lo que refuerza que el bully o los bullies continúen atacándole. En cambio, la víctima provocativa, se caracteriza por ser ansiosa y agresiva, no se involucra en el trabajo académico, no presta atención y no tiene buenas relaciones con sus iguales (Olweus, 1993).

Con respecto a la víctima que desempeña doble rol o víctima/bully, se le describió como alumnado que se caracteriza por no sentirse "a gusto" con los compañeros, que tienen problemas con ellos; suele tener pocos amigos e, incluso, alguno de sus escasos amigos pueden llegar a ser víctima de violencia escolar. La víctima de doble rol presenta problemas emocionales, y normalmente no mantienen una buena relación con el profesorado que lo perciben como alumno con problemas de conducta (Smith, Talamelli, Cowie, Naylor y Chauhan, 2004).

ESTRATEGIAS DE CONFRONTACIÓN DE LAS VÍCTIMAS: REVELACIÓN DE LA VICTIMIZACIÓN

Las estrategias de afrontamiento son habilidades conductuales y cognitivas que permiten responder de una forma determinada ante conflictos cotidianos, como el bullying; en este tipo de situaciones se ha identificado que una estrategia socorrida, a pesar de que no se tiene éxito al emplearla, pues no detiene el acoso sino que de hecho lo incrementa, es llorar, huir o "regresar el golpe", estrategias que se combinan con "no solicitar ayuda", por lo que incrementan la probabilidad de que el bullying continúe.

La victimización puede cesar cuando las *víctimas rompen el silencio y reciben apoyo de los adultos (profesor, padres, psicólogo)*. Sin embargo, difícilmente romperán el silencio si creen que no tendrán apoyo escolar; hay víctimas que creen que son responsables de los ataques y que se los merecen (percepción distorsionada de la realidad), por lo que se les dificulta denunciar la victimización.

En los casos que he atendido en la Ciudad de México, he constatado lo que expresa la literatura internacional: la victimización termina cuando las víctimas rompen el silencio, solicitan ayuda y el profesor actúa respaldando a la víctima.

CASO 6
ANA, UNA ALUMNA DE QUINTO GRADO

Ana era molestada cotidianamente por alumnas del otro grupo de quinto; posteriormente al vivir las estrategias llevadas a cabo en el aula para disminuir el bullying, como asambleas escolares, código de conducta, autoestima en el aula o el buzón de quejas, la alumna decidió solicitar ayuda a la profesora, quien le creyó, le expresó su agradecimiento por confiar en ella, y le dijo a Ana que la protegería; sin embargo no sabía como hacerlo, por lo que solicitó ayuda inmediata a la psicóloga escolar.

La psicóloga escolar entrevistó de manera individual a las niñas que Ana decía que le molestaban, que eran Elisa, Verónica y Carmen. Cada una aceptó por separado que molestaban a Ana, todas coincidieron en señalar a Marisol como la alumna que las manipulaba y las obligaba a molestar a niñas como la víctima. A través de la conversación con la psicóloga se dieron cuenta que Marisol siempre les decía "rumores maliciosos" para "ponerlas a pelear" y se dieron cuenta que ya tenían "la orden" de lastimarla en el baño o en la hora de educación física. Cada una de ellas aceptó lo que hizo y también rompieron el silencio, por lo que decidieron comprometerse a:

- Ofrecer una disculpa a Ana.
- Saludar a Ana y no volver a intimidarla a través de miradas o "caras amenazantes".
- Resolver cualquier rumor malicioso que viniera de Marisol para evitar que las "pusiera a pelear" como ocurría con anterioridad.
- Solicitar ayuda inmediata a la profesora cuando Marisol les ordenara lastimar a otras.

La psicóloga les advirtió que estarían monitoreadas en todo momento; es decir, que los profesores de grupo, las psicólogas educativas, así como la directora, estarían "pendientes" de su comportamiento, con el objetivo de que el alumnado en esa escuela se sintiera protegido.

¿QUÉ INFLUYE PARA QUE LA VÍCTIMA ROMPA EL SILENCIO?

- *Edad.* Se ha identificado que, a menor edad, se tienen más probabilidades de que los niños "cuenten" sobre la victimización. Y, sin duda, la respuesta que obtengan determinará que soliciten ayuda en el futuro.
- *Límites sin maltrato.* Cuando el profesorado y los padres establecen con los niños prácticas de disciplina sin maltrato –sin comparar, sin insultar y sin burlas–, se fortalece la comunicación y la confianza, por lo que los niños romperán el silencio.
- *Monitoreo constante.* Cuando los niños saben que el profesorado y sus padres, les cuidan y ayudan constantemente y les enseñan a re-

solver problemas cotidianos, sin culparlos o sin responsabilizarlos de las acciones de otras personas, entonces es altamente probable que se acerquen para solicitarles ayuda cuanto viven bullying.

- *Clima escolar justo.* Cuando la víctima percibe que el profesorado no cubre a los agresores, o implementan acciones para protegerlos, se encuentran más dispuestos a reportar el bullying.

La calidad del contexto escolar puede ayudar para que los alumnos revelen la victimización de bullying, cuando el alumnado se siente parte de la escuela, cuando sabe que recibirá apoyo del profesorado para detener el bullying, que deberá ser una ayuda que no se asocie con responsabilizar a la víctima, culparla o decirle que se defienda haciéndole lo mismo al bully. El grupo de pares influye para que los niños no revelen el bullying; y en ocasiones pueden ser excluidos de un grupo o son castigados por andar de "rajones" o por mostrar debilidad al no "aguantarse" y solicitar ayuda a los adultos.

PERFIL DEL ESTUDIANTE QUE DESEMPEÑA DOBLE PAPEL: VÍCTIMA/BULLY

Smith, Singer, Hoel y Cooper (2003), señalan que hay una sobreposición de la categoría víctima/agresor, con otros tipos de víctimas descritas a lo largo de los estudios de la violencia escolar, como la víctima provocativa, la víctima agresiva o los agresores proactivos y reactivos.

En las investigaciones desarrolladas por Olweus y otros especialistas, se ha definido que este tipo de estudiante se caracteriza por:

- Ser reactivo e impulsivo.
- Tener baja aceptación social.
- Contar con pobres habilidades para solucionar problemas.
- Ser dominante (en riesgo de desarrollo de comportamiento antisocial).
- Tener factores de riesgo sociales y familiares que lo sitúan en mayor riesgo de exhibir comportamiento agresivo.
- Ser depresivo y con tres veces más probabilidades que las "víctimas puras" de presentar los llamados: Trastornos de conducta y Conducta de oposición (Kokkinos y Panayiotou, 2004).

- Estar en mayor riesgo de sufrir Trastorno de déficit de atención (Salmon, James, Cassidy, y Javaloyes, 2000).
- Justificar el uso de la agresión.
- Percibir situaciones neutras como agresivas. Por ejemplo, si un niño se tropieza accidentalmente con su mochila, el alumno lo traduce como una agresión directa hacia su persona.
- Ser rechazado por el profesorado debido a su comportamiento disruptivo durante la jornada escolar.

CASO 7
NIÑO DE 12 AÑOS DE EDAD, CURSA EL SEXTO GRADO DE PRIMARIA

Como característica general es un niño que "manda" y "controla" en casa, aunque esto no es identificado por los padres. Es un niño habituado a decir a sus padres qué hacer e, incluso, qué preparar de comer o a qué restaurante ir. Los padres son manipulados a través de chantajes y berrinches.

Un día en la vida de un alumno víctima/bully comienza en la mañana porque no se quiere levantar. A pesar de que tiene 12 años, su mamá lo viste; si desayuna "vomita" (no tiene ningún problema médico), por lo que le dan dinero para que compre en su escuela un generoso desayuno. Cabe señalar que es un niño obeso. Y es que sus padres, tienen la costumbre de comprarle todo lo que pide y, cuando no sucede así, estalla en cólera, agrediéndoles.

Cuando llega de la escuela, a veces se cambia el uniforme si tiene humor; otras veces "anda de malas" y no se cambia el uniforme. En la tarde no participa en ninguna tarea en casa, ni siquiera con poner o recoger la mesa. Su mamá le enseña la lista del "súper" y el niño quita o anexa alimentos. El decide en qué momento jugar, en qué momento hacer la tarea. Durante la tarde, si hace la tarea, come constantemente toda clase de "comida chatarra", ya que en su casa la alacena esta llena de grandes bolsas de dulces, chocolates y galletas. Es un niño que no tiene límites y tampoco hábitos, por lo que normalmente se va a la cama ya muy tarde, pues él también decide a qué hora ir a dormir.

A veces su mamá se ríe de las travesuras que hace, otras veces… le pega bofetadas.

Entre semana y los fines de semana, lo llevan "al restaurante que él elija", donde pide de comer, varios platillos a la vez y no se los termina. Y le compran todo, ya que aprendió que únicamente tiene que decir: "Ya viste el coche…", "ya viste el nuevo juego que salió al a venta…", "ya viste la chamarra…" y esas frases son suficientes para que su mamá compre lo que él desea. La madre "le hace las tareas", y le resuelve cualquier dificultad que se le presenta. Pero, si "la madre explota", le pega y le insulta.

En la escuela los niños de su edad lo rechazan, se burlan de él, le pegan. Él busca la aprobación de sus profesores, pues se lleva mejor con los profesores que con sus pares; y se venga de sus compañeros acusando o esparciendo rumores de algunos de ellos con el profesorado; sus compañeros de clase se quejan de él cuando trabaja en equipo, expresando que no sabe compartir, que se la pasa jugando y no trabaja; que es envidioso, se burla de todos; o sea, es percibido como inmaduro y agresivo. Este alumno también maltrata a niños más pequeños: les pega, les insulta y hace cualquier cosa para lastimarlos.

PERFIL DEL ESTUDIANTE QUE DESEMPEÑA EL PAPEL DE ACOSADOR (BULLY)

Olweus (1997), identificó dos tipos de alumnos acosadores o bullies: los activos y los pasivos. Este tipo de agresores se distinguen entre sí por las características de su participación en el episodio violento. El agresor activo inicia la agresión; el pasivo no la inicia, sin embargo es quién la mantiene cuando el bullying comienza. Este tipo de alumnos recientemente han sido identificados por Olweus (2005) como: bully y secuaz, respectivamente.

FACTORES DE RIESGO POR EL CONTEXTO SOCIAL

Los datos empíricos han demostrado que existen factores en el contexto social, familiar, cultural o personales, que favorecen que el alumnado se encuentre en riesgo de participar en situaciones de acoso escolar. A continuación se presentan los principales factores de riesgo, descritos a través de estudios y casos clínicos de acoso escolar:

ACOSADORES (BULLIES)

Los factores de riesgo individuales, incluyen edad, género, comportamiento agresivo, inteligencia, impulsividad, personalidad, empatía, autoestima y factores biológicos:

- Falta de empatía, dado que no tienen interés en los sentimientos de los compañeros y no les conmueve su miedo o su tristeza.
- Carácter difícil, irascible, explosivo, debido a la falta de auto control de emociones como el enojo.
- Son impulsivos con falta de auto control, lo que los lleva a decir y actuar sin pensar en las consecuencias.
- Dados al consumo de alcohol y drogas (Defensor del Pueblo, 2000; Serrano e Iborra, 2005).
- Presentan trastornos psicopatológicos, como: Trastorno del control de los impulsos; Trastornos de conducta; Déficit de atención; Trastorno negativista desafiante; Trastorno disocial y Trastorno adaptativo (Serrano e Iborra, 2005).
- Se relacionan con otros pares que muestran también comportamiento agresivo y que son fáciles de manipular, así él puede ser el líder del grupo.
- Perciben las conductas agresivas como divertidas.
- Muestran actitud positiva hacia la violencia y expresan que usar la violencia "esta bien" y "se vale" para conseguir lo que se quiere.
- En algunos estudios se ha identificado que la escasa estatura y el bajo peso, predisponen para ser agresor (Farrington, 2005). En la Ciudad de México he identificado varios casos de alumnado bully con bajo peso y estatura, que comandan a grupos de alumnos para: robar, amenazar y golpear, entre otras conductas que exhiben dentro del plantel escolar, que en muchos casos es una extensión de pandillas de la colonia.
- No toleran al alumnado que perciben diferente, ya sea por clase social, grupo cultural, aptitudes sobresalientes o déficits académicos.
- Se identifican con el estereotipo masculino tradicional, con creencias, conductas y actitudes machistas, que resuelven los conflictos con el control y el uso de la fuerza.
- Mantienen la conspiración del silencio con palabras como: "te echo a mis guaruras", lo que es real, ya que usan a otros alumnos, para

golpear al alumno espectador o a la víctima para que guarden silencio, además de llamarlos rajones, cobardes, maricas, entre muchas otros insultos.

- Desarrollan estilos para relacionarse con otros deficientes, como manipular, mentir y "engatusar" (Farrington, 2005).
- Presentan distorsiones cognitivas; es decir, perciben situaciones neutras como situaciones de provocación. Por ejemplo, un acosador escolar, un bully, se encuentra sentado en su pupitre y otro niño al pasar se tropieza y cae sobre él, este accidente es percibido por el niño bully como una agresión deliberada en vez de tomarle como una situación accidental (Mendoza, 2010a, c).
- Tienen una red social más amplia que las víctimas.
- Carecen de disponibilidad para los trabajos y tareas escolares (Mendoza, Santoyo, 2010).
- Son más los hombres que participan como agresores que las mujeres.

Caso 8
Un día en la vida de un niño bully

Pedro se levanta con la ayuda del despertador, se viste, se asea. A veces sus padres le dan de desayunar, otras veces no. A veces lleva la mochila completa, otras veces hasta la mochila se le ha olvidado. Sus padres no le dan mayor importancia al suceso, porque piensan "que siempre hace lo mismo" y nunca va a cambiar.

En el aula escolar no sigue instrucciones, se cambia de lugar, se sale por más de diez minutos sin que la profesora se dé cuenta. Constantemente se burla de sus compañeros, les pega, pero la profesora ignora su comportamiento, "cree que son naturales" las peleas entre sus alumnos y es indiferente a lo que Pedro hace; es decir, permite que "él haga lo que quiera" durante la jornada escolar.

Cuando Pedro llega a casa, no se cambia el uniforme, se pone a jugar mientras le llaman para comer. Sus padres trabajan, así que lo cuida la abuela. La abuela le pregunta si tiene tarea y le cree cuando Pedro le dice "no me dejaron". En la tarde se sale a jugar con niños más grandes que él.

Cuando sus padres llegan, le dicen a su hijo que están muy cansados, prenden la televisión mientras Pedro sigue jugando con los videojuegos. Cuando le revisan los cuadernos y se dan cuenta que no ha hecho la tarea, la madre le insulta y le pega dos bofetadas; pero de cualquier manera ya no hace la tarea. Pedro se va del lugar refunfuñando, se "pierde" en el videojuego. El padre de Pedro, lo envía a dormir, Pedro lo ignora, por lo que el padre le pega, insultándolo, diciéndole que no valora todo lo que ellos hacen para que tenga lo necesario. Pedro se va a dormir como todos los días, sin haber conversado con sus padres, sin haber comido con ellos, sin haber hecho la tarea, sin haber expresado todo el enojo y tristeza que siente por ser ignorado.

EL IMPACTO DEL BULLYING: CONSECUENCIAS A LARGO Y CORTO PLAZO

CONSECUENCIAS A LARGO PLAZO

Las consecuencias que afectan a largo plazo a los estudiantes que desempeñan el papel de agresores, se asocian a problemas de conducta que les impide adaptarse a la sociedad en la que se desarrollan, en cualquier contexto, ya sea familiar, escolar/laboral o social.

A continuación se describen las consecuencias identificadas en el cuerpo teórico:

- En la juventud y adultez presentan dificultades para iniciar y mantener exitosamente relaciones interpersonales con miembros del sexo opuesto, exhiben elevados niveles de depresión y auto concepto negativo (Olweus, 1993).
- A lo largo de su vida el bully aprende que, a través del uso de la violencia, obtiene beneficios personales a bajo costo –generalmente sus actos no tienen consecuencias que les perjudiquen–, por lo que aprende a usar este comportamiento en todos los contextos en los que se desarrolla y lo mantiene a lo largo de su desarrollo en caso de no tener tratamiento terapéutico. Incluso, en la vida adulta, muestra maltrato hacia sus familiares, ya sean esposa e hijos; son controladores y su participación en su vida familiar se limita a ser proveedor sin involucrarse emocionalmente con los miembros de su familia. Muestran también violencia hacia los compañeros de trabajo (p.ej. escon-

den material a sus compañeros de trabajo; esparcen rumores maliciosos; son incapaces de mantener relaciones cordiales con otros trabajadores, por lo que deciden aislarse). Sus conversaciones se limitan a hablar mal de los compañeros de trabajo, incluso de su único amigo, siendo incapaces de reconocer los aspectos positivos del ambiente laboral, lo que refleja la forma en la que perciben su mundo.

Olweus (2001), identificó que existen grandes posibilidades que el bully se involucre en la juventud en proceso penales por cometer crímenes; dichos datos han sido sustentados también por investigadores expertos en comportamiento antisocial como Patterson quién, a través de investigaciones longitudinales, concluye que la conducta violenta es estable a través del tiempo (los niños violentos en caso de no recibir ayuda psicológica, tienen grandes posibilidades de ser adultos violentos y de exhibir comportamiento antisocial) sin importar los escenarios (el comportamiento se presentará en todos los contextos en los que se desarrollan: familia, escuela, ocio). Por otra parte, en investigaciones en México, se ha encontrado que la identificación temprana de alumnos en riesgo de ser bully y de desarrollar conducta antisocial, se puede prevenir si se hace una intervención en el contexto escolar, familiar y social (Ayala, H.; Chaparro, A.; Fulgencio,M.; Pedroza, F.J.; Morales; S.,Pacheco; A., Mendoza; B., Ortiz,A.; Vargas, E., y Barragán, N., 2001).

Con respecto a las consecuencias a largo plazo a las que se enfrentan las víctimas, se han identificado problemas de salud, de ajuste psicológico e incluso problemas en el contexto laboral; es decir, seguirán siendo marginadas y victimizadas en su ambiente laboral (Smith, Singer, Hoel y Cooper; 2003), pueden llegar a la depresión y tener ideas suicidas (Howard, 2004) o incluso sí consumar el suicidio.

Las investigaciones internacionales han permitido identificar que factores contextuales como el apoyo social, traducido en apoyo terapéutico brindado por instituciones de salud o sociales; así como el apoyo familiar, que significa brindar atención cotidiana y disciplina sin maltrato. Igualmente ayuda el ámbito escolar no culpando a la víctima o la familia de la víctima e interviniendo desde la educación para detener el bullying. Todos son factores determinantes en las consecuencias a largo plazo de las víctimas y victimarios.

CONSECUENCIAS A CORTO PLAZO

Las investigaciones científicas, demuestran que existe una serie de consecuencias a corto plazo que causan daños en el desarrollo emocional y psicológico de la víctima de bullying.

En las víctimas crónicas se manifiestan: angustia, dolor físico, depresión, baja autoestima, ansiedad, dificultad para concentrarse, fobia a la escuela e, incluso, ausentismo debido al miedo a los agresores, así como problemas de conducta (Rigby, 1995); son alumnos que se observan tristes, solos, con constante nerviosismo, alteraciones de sueño y con posible disminución en su rendimientos escolar, aunque sólo un porcentaje de 13% tiende a bajar en sus calificaciones (Serrano e Iborra, 2005). También pueden mostrar intentos de suicidio: aventarse de las escaleras para causarse daño y llamar la atención de los adultos, es una conducta común en víctimas de bullying en la Ciudad de México; y en algunos casos sí se llega al suicidio.

En síntesis, hay que destacar que la violencia escolar causa sufrimiento emocional y físico al alumnado que es víctima o testigo de violencia, al punto de sufrir severos y prolongados desórdenes psicológicos como estrés postraumático (UNESCO, 2005).

CAPÍTULO 2

EL BULLYING DESDE UNA PERSPECTIVA ECOLÓGICA: LA ESCUELA, LA FAMILIA Y LA SOCIEDAD

La conducta del ser humano está influida por determinantes culturales y ambientales, incluyendo sistemas sociales y sus intercambios. El enfoque ecológico de Bronfenbrenner (1979) ofrece un marco extenso para conceptualizar las relaciones entre los diferentes contextos sociales en los que se desarrolla un individuo.

Cada uno de los roles de los estudiantes que participan en actos de acoso escolar, son resultado de una interacción dinámica en las variables a diferentes niveles de los contextos sociales: individual, didáctica y grupal (Santoyo, 2012; Mendoza, 2006).

La Teoría Ecológica de Bronfenbrenner contempla el desarrollo de la persona en un complejo sistema de relaciones afectadas en múltiples escalas (microsistema, exosistema, mesosistema y microsistema). Díaz-Aguado et al. (2004) y Mendoza (2006) enmarcaron en dicha teoría el estudio del acoso escolar, identificando a la escuela y la familia como los microsistemas, el mesosistema (como la comunicación entre familia y escuela); el exosistema (como los medios de comunicación) y el macrosistema (como la cultura, los valores, estereotipos tradicionales y el grupo étnico).

LA ESCUELA

¿QUÉ HACE O DEJA DE HACER PARA QUE APAREZCA EL BULLYING?

La escuela afortunadamente representa un sistema social, que debido a sus características (número de alumnos, planeación de clase, monitoreo del profesorado), permite identificar y modificar conductas violentas y de acoso. Sin embargo, se deben identificar los factores que facilitan que el bullying aparezca.

CASO 9
EL MAESTRO INDOLENTE

El profesor Víctor es un profesor de primero de primaria que nunca ha impartido clase con alumnos de segundo grado. Al entrar a su salón se observa a 15 niños haciendo cualquier otra cosa, menos su trabajo escolar: brincan, dibujan, se distraen con juguetes que traen de casa y en la parte trasera del aula vemos a dos niños que están tirados en el piso "jugando rudo". El profesor desesperado, dice: "no sé como controlarlos, así están todo el día, seguramente porque tienen problemas en su casa y esos problemas los traen aquí, a mi aula".

En las observaciones que se hicieron en su salón, se identificó que el profesor: no usa material acorde a la edad y nivel del alumnado, que deja más de cinco minutos entre actividad y actividad, permitiendo que los alumnos hagan lo que quieran, menos trabajo académico; no monitorea lo que hacen, pues se sienta en su escritorio y no se da cuenta si avanzan en su trabajo o si entienden las instrucciones de lo que deben desarrollar, y tampoco supervisa si el alumnado cuenta con el material suficiente para trabajar, como colores y tijeras, lo que provoca que los alumnos no estén motivados por el trabajo académico. Víctor tampoco establece límites, por lo que los alumnos se arrebatan los objetos, se gritan y hasta se golpean para lograr lo que quieren, ya sea conseguir material o para quitar a un compañero que les impide el paso.

Este es el ejemplo de un aula en la que el profesor no planea la clase ni tampoco establece límites y, sin darse cuenta, su comportamiento facilita la conducta disruptiva, la violencia escolar y el bullying.

CARACTERÍSTICAS DE LAS AULAS CON BULLYING

A continuación se enlistan algunas conductas del profesorado, detectadas en aulas en las que se vive bullying.

- *No planear la clase*. El profesorado no tiene los objetivos, competencias, ni siquiera el material para las actividades de la jornada escolar. Improvisa, haciendo que el alumnado tenga varios minutos entre actividad y actividad, sin que deba seguir ninguna instrucción, lo que facilita que se presenten conductas disruptivas.

Una alumna víctima/bully expresa: "Cuando la maestra no sabe qué ponernos de trabajo, todos comenzamos a jugar... yo por eso llevo juguetes de mi casa y así no me aburro, en lo que nos pone trabajo".

- *Falta de límites en el aula escolar.* El profesorado tiene colgado el reglamento del aula; sin embargo, cuando se rompe alguna regla no hay ninguna consecuencia, por lo que el alumnado aprende que no pasa nada o que su conducta no tiene consecuencias por pegarle o burlarse del compañero. Con respecto a la agresión, el profesorado y hasta el alumnado, creen que los apodos, los "zapes" y las peleas, son algo normal entre los alumnos, por lo tanto el alumnado bully sabe que no le van a castigar.

Un alumno bully y uno secuaz, expresan: "si la maestra es bien tonta, no se da cuenta de nada de lo que hacemos, nos deja hacer lo que queremos y si les levantamos la falda a las alumnas no nos dice nada".

Dos alumnos bully expresan: "el profesor nos dio permiso de pegar", porque dijo: "el que se lleva, se aguanta" y eso quiere decir que nos da permiso.

- *Conductas que excluyen al alumnado,* como: a) Establecer fila de burros y/o de aplicados; b) sentar a un alumno solo y en el extremo del aula, alejado de los demás compañeros y del pizarrón, argumentando que a ellos así les gusta; c) hacer equipos y deliberadamente dejar a algunos alumnos trabajando sin compañía; y d) ignorar a los alumnos que no trabajan o no tienen el ritmo que tienen los otros.

Las observaciones en este tipo de aulas permiten concluir que es más fácil dejar que algunos alumnos hagan lo que quieran argumentando que ese es su ritmo.

- *Creencias erróneas del profesorado y directivo.* Creer que la violencia y el bullying son maneras de forjar el carácter del alumnado, por lo que permiten que se insulten, se digan apodos, se peguen, se empujen, entre otras, y castigar a todos por igual. Piensan que castigando a todos los involucrados en un conflicto, se terminarán los episodios de bullying, sin darse cuenta que castigar a todos hace más fuerte al alumno bully y provoca que la víctima ya no pida ayuda, pues percibe que en lugar de ayudarla a salir de la situación conflictiva, la responsabilizaron de lo sucedido, lo que la hace sentir sola e indefensa.

Estas falsas ideas facilitan que el alumnado aprenda que la víctima no dirá nada y hasta es posible que esté amenazada, por lo que el profesor castigará a los dos o ignorará el evento.

- *Atribuir bullying a causas externas.* Comúnmente directivos, autoridades educativas y profesorado, que no tienen capacitación en el tema, atribuyen el bullying a las características de la familia; incluso llegan a responsabilizar a los conflictos familiares de la victimización que sufrió un alumno dentro del aula escolar. Es constante observar que en escuelas mexicanas, se expresa: "el niño es víctima debido a los conflictos que hay en su familia y la escuela no tiene responsabilidad alguna de lo que le pasó al niño". Es lamentable que existan este tipo de creencias, cuando el cuerpo teórico y las investigaciones nos indican todos los factores que se pueden dar en el contexto escolar y que facilitan que se presenten episodios de bullying.

Los estudios españoles (Defensor del Pueblo, 2000), han identificado que el atribuir un caso de bullying a las características de la familia, hace que el profesorado se deslinde de la situación, alegando que pueden hacer muy poco ante la problemática pues los rebasa y se encuentran fuera de su control. En lo particular, no he atendido ningún caso de bullying en el que la familia del involucrado en el episodio, ya sea como víctima, bully, espectador o víctima/bully, no tenga escasa o nula comunicación con los integrantes de la familia y en las prácticas de disciplina, se usa coerción, negligencia, sobreprotección, abandono, etcétera, si no es que están presentes las adicciones a sustancias nocivas; o a las compras, al trabajo, a las actividades sociales, a la comida, etcétera, entre otras.

Caso 10
Aula escolar de tercer grado

La profesora María no se percataba que durante la jornada escolar, durante su clase, había golpes entre los alumnos, robos, burlas entre ellos; lo que en mucho se debía a que no planeaba su clase; dejaba algunos minutos entre actividad y actividad, lo que facilitaba la aparición de conductas disruptivas, como alumnos caminando por la clase, que se subían a las bancas, se tiraban en el piso, chiflaban, gritaban y eructaban, entre muchas otras indisciplinas. La profesora, con su actitud, facilitaba un clima en el que se presentaban episodios de bullying. Cuando se intervino mediante una propuesta para disminuir la conducta disruptiva, violenta y bullying, se estableció un *buzón de quejas,* que permitía monitorear semanalmente la conducta no deseada entre los alumnos. Esta estrategia fue acompañada de otras que integran las estrategias de *orden y limpieza,* código *escolar,* y construcción de *autoestima,* lo que permitió que la profesora realizará un cambio en la impartición de clases, lo que incluía: planear; monitorear el aprendizaje del alumnado durante la jornada escolar; imponer sanciones, así como hacer sentir las consecuencias de las malas conductas y enseñar a sus alumnos una *respuesta alterna* a la conducta no deseada. A partir de ese momento hubo un cambio en la percepción que tenían el alumnado de su profesora, apreciándola como una maestra "que ahora si veía lo que pasaba en la clase" y "a la que le podían pedir ayuda"; una profesora que "ahora si los protegía", según lo declararon los propios alumnos.

La figura del profesor

El profesor, otro participante en el ciclo del bullying: víctima, agresor o espectador

El Observatorio Europeo de la Violencia Escolar, indica que es fundamental el papel del profesorado en la intervención de bullying, ya que es el docente quien tiene habilidades para identificar y poner en marcha estrategias para atenderlo. Estos estudios señalan que cuando los docentes se dedican a impartir actividades extracurriculares: talleres, tutorías y reuniones con padres y alumnos, tienen una visión más amplia de la vida escolar, estableciendo relaciones más estrechas con padres y alumnado, para conocerlos mejor y *desarrollar empatía* con ellos. Agregan que autoridades y comunidad educativa, en situaciones de violencia escolar y bullying, juegan un papel decisivo en la prevención e incidencia del fenómeno. Desafortunadamente, en algunas ocasiones, el profesorado no sabe cómo actuar; y enfrenta la situación como si los episodios de bullying fueran parte del proceso natural de la formación del alumnado como futuros ciudadanos. En México, el profesorado aún no ha recibido capacitación sobre bullying: cursos gratuitos ofertados por la SEP o cursos presenciales dirigidos por expertos en el área, que le permita adquirir habilidades y conocimientos para identificarlo, atenderlo y prevenirlo.

Sin duda alguna, la falta de preparación del profesorado promueve la aparición y desarrollo del bullying, al crear un ambiente de injusticia, fortaleciendo de esta manera al alumnado que participa como agresor.

Caso 11
El contexto escolar

Se trataba de una escuela primaria en la que se presentaban constantes episodios de bullying, principalmente asaltos a alumnos de primero, segundo y tercer grado. Las autoridades escolares no lograban identificar a los alumnos que lideraban al "grupo". Toda la comunidad sabía lo que ocurría, pero ningún alumno se atrevía a denunciar a quienes lastimaban, amenazaban o les robaba.

El contexto escolar no ayudaba a que el alumnado se sintiera protegido; por ejemplo: había profesores que permitía que se sostuvieran peleas físicas y se desaparecían, argumentando que era su hora de salida. Había un directivo que tenía conflictos con la mayoría de sus profesores; la entrada de la escuela estaba poco protegida y no solicitaban que registraran el acceso al plantel. Así las cosas, el alumnado aprendió que tenía que resolver los conflictos solo, porque no contaba con el apoyo de la mayoría del profesorado. Y, en general, los alumnos que rompían las reglas no recibían ninguna sanción.

Factores de riesgo escolares: ¿Qué facilita la aparición del bullying?

El fracaso escolar, expresado en alumnado que no muestra interés en la escuela, que se encuentra alejado de ella; y que se ausenta frecuentemente de las clases, se relaciona con altos niveles de violencia escolar y bullying.

A continuación se muestran los factores escolares que facilitan que el alumnado participe en situaciones de violencia escolar y bullying, en calidad de bully:

- Ausencia de prácticas de disciplina consistentes, que sancionen las conductas violentas del alumnado que maltrata a otros o que daña las instalaciones escolares.
- Un código de conducta que desarrollaron el director o el profesorado sin la opinión del alumnado, por lo que generalmente no opera. Una buena normativa debe enseñar conductas alternas a la no deseada y trasmitir valores que permitan que los alumnos se hagan responsables de su comportamiento.
- Escuelas con población numerosa en combinación con personal docente y directivo que tengan conflictos entre ellos o que por cualquier circunstancia se encuentren divididos. Estas escuelas presentan dificultades para la gestión escolar, para la planeación, prácticas de disciplina; atención y escucha a padres de familia, entre otros problemas.
- Currículo oculto que hace que se eduque sin perspectiva de género; es decir, que ahí se siga creyendo que a los hombres se les deben brindar oportunidades educativas diferenciadas a las que reciben las mujeres.
- Falta de atención a la diversidad cultural, social o económica. Existen profesores que rechazan o se muestran intolerantes ante alumnos de "casa hogar", o que tengan padres en el reclusorio; o porque el estudiante tiene alguna enfermedad.
- Déficit en la conexión de los contenidos académicos con su aplicación a la vida cotidiana. No se enseña a los niños a tomar decisiones y a aplicar los aprendizajes adquiridos para resolver problemas cotidianos.
- Presencia de vulnerabilidad psicológica del profesorado, que puede resentir que ya no es respetado, que ha perdido fortaleza en el proce-

so de aprendizaje y que no son tan competentes para controlar el comportamiento de grupo durante la clase; también suelen sentir que los padres de familia los acosan o los vigilan.

- Falta de reconocimiento social respecto a la labor del profesorado (Serrano e Iborra, 2005).
- Clima escolar permisible ante la violencia.
- Centro educativo ubicado en entornos urbanos desfavorecidos, en combinación con un gran número de estudiantes, y con profesores con no planean su jornada laboral.
- Centros escolares en edificios grandes, con varias entradas y escaleras, a lo que se añade falta de control y vigilancia (Blaya, 2005).
- Sistemas de disciplina punitivos, con reglas y expectativas poco claras, que aplican de forma inconsistente las normas de disciplina (Patterson, 1982).
- Conflictos entre el profesorado, lo que contribuye significativamente a la emergencia de desórdenes y violencia en las escuelas. Puede ser un profesorado que no se dirige la palabra o que se molesta cuando otro maestro reprende a su alumno por romper alguna regla, entre otros.
- Profesorado que no tiene control sobre el grupo y que hasta se muestra temeroso, por lo que es omiso ante el rompimiento de las reglas.
- Cuerpo docente que no hace planeación didáctica, por lo que el alumnado es quien toma el control de la clase, aprovechando el tiempo "muerto", entre un ejercicio y otro, para exhibir conducta disruptiva o violenta.

¿Qué factores acentúan la vulnerabilidad de la víctima?

- Uso de la "ley del silencio", que se refiere al silencio que se establece alrededor de una agresión. Los espectadores y la víctima no comunican los hechos por miedo o por no ser señalados como "rajones" por su grupo de iguales.
- Poca atención en la falta de integración de algún alumno en actividades grupales ya que le solicita al profesor trabajar solo. Si el profesor lo permite, incumple con su función de educador que incluye ayudar a los alumnos a integrarse.

- Poca observación hacia los que suelen encontrarse aislados en los recreos, lo que los sitúa en un estado de mayor vulnerabilidad, y no considerar este comportamiento como una alerta que indica el estado de indefensión de este tipo de niño.
- Escasa comunicación y confianza entre el alumnado y profesorado, donde perciben a los profesores lejanos; que no hacen nada para ayudar a los niños que sufren maltrato o los perciben injustos porque castigan por igual a la víctima y al agresor.
- Ausencia de la figura de autoridad en el centro escolar; lo que es notorio, principalmente, cuando el profesor de grupo se muestra indiferente ante los abusos del alumnado bully, muchas veces alegando que es la hora de la salida y ya no le compete intervenir.
- Falta de vigilancia del profesorado que se sale del salón constantemente, no planea sus clases y pierde tiempo en aspectos administrativos. También hay claros casos de negligencia, como del que observa que en su aula hay violencia y bullying y no hace nada para resolverlo, ni en el aula ni en el centro escolar, lo que genera un ambiente injusto e impune, por lo que las víctimas generan un sentimiento de abandono y que, a su vez, hace que los espectadores aprendan que es mejor obedecer a los que tienen el control en esa escuela: a los alumnos violentos y bully.
- Exclusión de ciertos alumnos, acción que debe ser identificada inmediatamente por el profesorado, psicólogo educativo y directivos, para evitar que la violencia escale a niveles antisociales, como: pandillerismo, uso de armas, abuso sexual, amenazas con armas, entre muchas otras.

LA COMUNICACIÓN ENTRE FAMILIA Y ESCUELA

En bullying, partimos del supuesto de que existe una interacción entre factores (individuales, familiares, sociales y culturales), que afectan al individuo. Son factores que intervienen en el proceso de aprendizaje y fortalecimiento del empleo de la conducta de bullying.

En la Reunión Internacional sobre Violencia y Escuela, desarrollada por el Centro Reina Sofía para el Estudio de la Violencia, Catherine Blaya afirmó que es necesaria la inclusión de las familias y la comunidad exterior en el proceso de mejora de la convivencia escolar. Además añadió que, debido a la complejidad del fenómeno de violencia escolar y bullying, es necesario que la escuela no esté aislada, por lo que se requiere de asesoramientos externos, que evalúen y apliquen programas que permitan medir con regularidad la evolución del sistema educativo, y a centros, alumnos y docentes, con el fin de modificar las políticas y prácticas para adaptarlas a las circunstancias.

Actualmente, en escuelas mexicanas inclusivas, se ha buscado una relación entre escuela y familia, una relación estrecha con la sociedad a través de los llamados Consejos Escolares de Participación Social, relación pertinente, ya que si la escuela no está aislada de la violencia que existe en la sociedad y que se reproduce en ella, tampoco debería estar aislada para su atención y erradicación.

Existe evidencia que permite puntualizar que la comunicación entre la familia y escuela es un ingrediente necesario para evitar que se desarrolle la exclusión, la violencia y bullying; como fue el caso de la matanza de Columbine, en el que la comunicación entre los padres de los chicos que participaron en la matanza y sus profesores, era escasa y deficiente.

Para la erradicación del bullying, se hace urgente informar al profesorado y padres de familia, sobre la identificación de las conductas de acoso, ya que no se logrará ningún cambio sin el reconocimiento de su existencia, evitando justificar su presencia al asumir que son conductas propias de la edad o son conductas que ayudan a forjar el carácter del alumnado.

FACTORES QUE AFECTAN LA COMUNICACIÓN ENTRE LA FAMILIA Y LA ESCUELA

- Los padres usan a la escuela como guardería.
- Los familiares creen que la responsabilidad de la educación de los niños es de la escuela.
- El profesorado evita establecer contacto con familias de alumnos con bajo rendimiento, pues piensa que es "tiempo perdido".
- En general, el profesorado contacta a los padres para expresar "quejas" del comportamiento y aprovechamiento escolar de sus hijos, sin valorar las fortalezas.
- Los padres expresan a sus hijos críticas sobre sus profesores o viceversa.

- Existen relaciones coercitivas entre padres de familia y profesores, como recurrir a amenazas para intimidar.
- Maestros y padres usan a los alumnos como recaderos para enviar mensajes negativos de unos y otros.

FACTORES DE PROTECCIÓN

- Promoción de la comunicación entre familia y escuela como parte de las estrategias diseñadas para erradicar el bullying.
- Creación de alianzas y cooperación para mejorar el proceso de aprendizaje.
- Corresponsabilidad en derechos y obligaciones que tienen como padres en la educación de los hijos.
- Promoción de contactos regulares para establecer medidas que apoyen el proceso enseñanza-aprendizaje, dentro y fuera de la escuela.
- Implementación del programa Escuela para padres y llevar un seguimiento de la información proporcionada.
- Diseño de estrategias para que las familias participen en el seguimiento y respeto al reglamento escolar.
- Empleo de prácticas de disciplina consistentes en las que no se use coerción en contexto: familia escuela.
- Lealtad y confianza entre padres y profesores.
- Seguimiento a los acuerdos y compromisos establecidos entre padres y profesores, para mejorar el rendimiento del alumnado (en especial el alumnado con bajo rendimiento).
- Prácticas de valoración del trabajo del profesorado, apreciando lo importante que es en el proceso de aprendizaje de sus hijos. Como se diría: empoderar al profesor.

CONTEXTO FAMILIAR: *¿LA FAMILIA CREA A LAS VÍCTIMAS Y A LOS BULLIES?*

¿Qué hace la familia para contribuir al desarrollo o no, de comportamientos violento en los alumnos? Existe amplia investigación científica sobre el tema: Gerald Patterson ha realizado un importante estudio acerca del desarrollo de la conducta agresiva en el contexto familiar y escolar, a través de investigaciones longitudinales que ha dirigido en el Centro de Investigación sobre Aprendizaje Social de Oregón, generando conocimiento científico que hoy día ha contribuido a describir, explicar y predecir esta clase de comportamiento, así como al diseño de programas de intervención y prevención en escenarios escolares y familiares.

Patterson, desarrolló la *Teoría de Coerción,* como una propuesta para explicar el control que pueden ejercer miembros de la familia sobre otros, generando ambientes familiares hostiles, facilitando el escalamiento del comportamiento agresivo que puede llegar hasta puntos extremos como la violencia intrafamiliar.

FACTORES DE RIESGO FAMILIARES/SOCIALES QUE ELEVAN LA PROBABILIDAD DE QUE UN ADOLESCENTE SEA VICTIMIZADO

- Prácticas de educación inadecuadas: autoritarias o negligentes.
- Sobreprotección familiar. Hay alumnos de primaria a quienes se les da de comer en la boca, los pasean en carriola o duermen con mamá y papá.
- Familia disfuncional.
- Escasa comunicación familiar por la permanente presencia de la televisión hasta en la hora de la comida y se convierte en una forma de relación y se usa para pasar "tiempo con la familia".
- La forma en que los padres enseñan a los niños a afrontar los problemas, como por ejemplo: huir de ellos, resolver llorando, preocuparse y no ocuparse en resolverlos, lo que puede ir en combinación con la sobreprotección o el control psicológico para que el niño no pueda opinar o tomar decisiones. También se presenta como control físico coercitivo con golpes y maltrato psicológico, igualmente para controlar al hijo y no educarlo para que tome decisiones.
- En el caso de las mujeres, llevarse mal con la madre y tener actitudes negativas hacia ella, las sitúa en mayor riesgo de ser victimizadas (Rigby, 1994).
- El alumnado que es víctima de bullying tienen un patrón de conducta característico que encaja perfectamente en el modelo de dominio-sumisión de episodios de bullying o de cualquier tipo de violencia escolar, por lo que es victimizado en otros escenarios como

el familiar, ya sea por padres, hermanos, primos, abuelos, etcétera; y es predecible que si no hay ningún apoyo terapéutico más adelante sea víctima en escenarios laborales o maritales.

- La combinación de un niño sensible, prudente y tranquilo, con una madre sobreprotectora, con quien mantiene una relación muy estrecha con la mala relación con un padre muy crítico y distante, que no constituye un modelo masculino satisfactorio (Olweus, 1993).

- Los estereotipos sociales, que no tienen nada que ver con ser mujer u hombre en un sentido biológico. El estereotipo femenino tradicional, por ejemplo, se asume cuando tienen dificultades para tomar decisiones, para trabajar bajo presión o cuando tienen un conflicto y lo resuelven llorando; no tienen habilidades para expresar lo que sienten o piensan; tienen dificultades para decir "no" cuando están en desacuerdo y creen que hay otras personas que tienen que dominarlo o ejercer poder hacia él o ella (Mendoza, 2006).

- Control emocional de los padres o hermanos mayores, que no permiten que el alumnado tome sus propias decisiones, pues otros las toman por ellos, haciéndoles creer que aún no son capaces de elegir.

- Padres intrusivos (Olweus, 2001), que lejos de monitorear al adolescente, para conocer un poco más sobre él y su relación con el mundo, lo espían: escuchan conversaciones telefónicas, revisan su mail o las páginas que visitan en internet y sus interrelaciones en redes sociales o vía celular.

- Falta de apoyo a los hijos cuando lo necesitan. Se presenta frecuentemente en padres lejanos, por lo que no "se dan cuenta" cuando sus hijos necesitan de ellos. Y en caso de que un hijo les solicite ayuda, normalmente reaccionan regañándoles, pegándoles o culpándoles del maltrato que están recibiendo.

El contexto familiar influye de manera importante para que los niños revelen o callen la situación conflictiva. Cuando los niños son maltratados por lo padres, es difícil que puedan acercarse a ellos para contar los abusos del ambiente escolar por miedo a que se enojen y les peguen o que se les responsabilice de lo que están viviendo. De hecho se ha identificado que cuando el alumnado vive bullying a las primeras personas a las que pueden recurrir para solicitar ayuda son, en primer lugar la madre, seguida por el padre.

Caso 12
Una víctima de tercer grado de primaria

Lorena vivió bullying por parte de un compañero de clase, quien se burlaba constantemente de ella, la amenazaba con la mirada y la insultaba; hasta que un día el maltrato escaló a niveles que nunca hubiera alcanzado si el colegio hubiera actuado a tiempo, ya que el alumno le rompió la boca con un golpe.

El niño bully veía que Lorena era maltratada por la profesora, que le gritaba y se burlaba constantemente de ella; además en su ambiente escolar no se señalaban como malas las agresiones de él ni de otros alumnos, por lo que sabía que Lorena se encontraba sola, siendo un blanco fácil para él.

Lorena tenía un factor de riesgo más en su contra: era maltratada por su mamá en casa, sufría constante rechazo, comparaciones, insultos y golpes físicos. Todo, en conjunto, hizo que Lorena creyera que no valía y que era normal lo que le pasaba en la escuela y en casa.

Caso 13
Hija única de cinco años de edad, en tercer grado de preescolar

Tiene dificultades para comunicarse, ya que no pronuncia las consonantes: *r* ni la *l*; por lo que es difícil entenderle cuando se expresa; sin embargo, cuando se le solicita que pronuncie despacio, la niña logra pronunciar claramente ambas letras.

Es una niña sobreprotegida, incluso, este es su primer año de escuela, ya que su mamá no permitió que fuera al colegio por miedo a que le pasara algo, y afirmaba que su hija estaba "severamente enferma", argumentando que todo le dañaba, como jugar y comer fuera de casa, estresarse por ver otros niños de su edad jugar o hacer tarea, entre muchas otras conductas. Actualmente se ha demostrado que la niña no tiene enfermedades y que su dificultad para comunicarse se debe a la sobreprotección maternal. El padre está emocionalmente ausente, no provee económicamente a la familia; y cuando se queda al cuidado de la niña, la maltrata emocional y físicamente.

El resultado es que la niña adquirió los siguientes hábitos hasta la edad de cinco años: de higiene, ir al baño, jalar y limpiarse sola; bañarse, secarse, vestirse y peinarse sin ayuda. De alimentación, comer sola sin que le dieran de comer en la boca; usar servilletas para limpiarse la cara y manos y no meter las manos en la comida para jugar con ella. En el aspecto académico, hasta esa edad supo hacer la tarea antes de jugar, guardar sus útiles y llevar anotado los deberes en el control de tareas.

Su principal dificultad en el contexto escolar es ser rechazada por sus compañeros (dentro y fuera del aula). Se burlan de su forma de hablar, ella no se integra, y durante el recreo elige irse a esconder para estar a solas.

Los estudios sobre contexto familiar y bullying, han permitido tener una visión integral de los factores involucrados en el aprendizaje de esta conducta.

FACTORES DE RIESGO FAMILIARES/SOCIALES QUE ELEVAN LA PROBABILIDAD DE QUE UN ADOLESCENTE DESARROLLE PERFIL BULLY

- Familias que no se involucran emocionalmente con el hijo bully y no monitorean las actividades de los niños fuera de la escuela.
- Violencia intrafamiliar, lo que puede significar que alguno de los padres hace uso del maltrato emocional o físico para controlar a la familia.
- Familias disfuncionales que obligan a los hijos a trabajar y le dan a la hija adolescentes la obligación de criar a los hermanos menores.
- Abandono emocional de los hijos, por padres que se convierten en proveedores y, a cambio, deciden no estar con sus hijos y preferir actividades personales, como ir al gimnasio, tener vida social con los amigos; salir con la nueva pareja; ir a clases de idiomas o ver sus programas de televisión favoritos. Este tipo de padres acostumbran buscar algún familiar para que se encargue del cuidado de los hijos, por lo que, normalmente, en la tarde, los cuida la tía o la abuela.
- Prácticas de crianza inadecuadas: autoritarias, negligentes, punitivas, o totalmente laxas, donde no se establecen límites, de tal manera que los niños son los que "mandan" en casa. La disciplina de los padres "depende del estado de humor": si están de buenas, no los regañan

por decir malas palabras o por pegarle a sus hermanos, pero si están de malas les pegan, hasta que se les baje el coraje.

- Escasos canales de comunicación con padres que no interactúan con sus hijos para jugar, conversar o ayudarlos a superar alguna pérdida: muerte de mascotas, alejamiento de amigos, etcétera.
- Hostilidad en la relación con los padres, y como se llevan mal, generalmente no les gusta salir con ellos y se muestran "molestos" cuando pasan tiempo juntos.
- Carencia de figura paterna, mantener relaciones familiares distantes o tener malas relaciones con los hermanos (Bowers, Smith y Binney, 1992).
- Al hijo se le permite afrontar los conflictos con conductas desafiantes o de evitación.
- Comportamiento acosador con los hermanos en casa y usa a los primos o a los amigos para excluir a los hermanos del grupo. Este es un factor que se relaciona con tener la misma actitud hacia los compañeros de clase (Duncan, 1999).

CONTEXTO SOCIAL:
¿EL BULLYING ES UN REFLEJO DE LA VIOLENCIA EN LA SOCIEDAD?

Como se había mencionado, en las escuelas mexicanas se reproducen los distintos niveles y formas de violencia existentes en nuestra sociedad, por lo que en el contexto escolar se han identificado formas extremas de violencia como abuso sexual o uso de armas; venta y uso de cualquier sustancia dañina a la salud y corrupción, entre otros, por lo que las investigaciones sobre bullying han encaminado diversos esfuerzos para identificar variables de la sociedad que pueden promover la aparición de bullying.

BULLYING Y GRUPOS SOCIALES

A continuación se analizará la relación que tienen tanto la etnia como los estereotipos tradicionales femenino y masculino, en el fenómeno de bullying.

Mendoza (2006), desarrolló un estudio con adolescentes para explorar la relación entre la violencia escolar y bullying con la identidad étnica. A continuación se muestran las conclusiones derivadas de las respuestas de los adolescentes:

1. Los jóvenes de minorías étnicas que no se identifican ni se sientes satisfechos con su grupo étnico, no se sienten bien ni tienen orgullo por sus raíces culturales, lo que produce una mayor probabilidad de participar como agresores y víctimas.
2. Un joven que tiene conflictos con su identidad étnica, se empata más con la intolerancia y justifica el uso de la violencia para darle su merecido a personas de las minorías.
3. Se identificó que los jóvenes que pertenecen al grupo mayoritario y se sienten muy orgullosos de pertenecer a él, se encuentran en mayor riesgo de rechazar a personas que perciben diferentes, ya sea por su vestimenta, por su forma de hablar o por sus rasgos físicos.

Estos resultados permiten sugerir que otro factor de protección es una "escuela inclusiva", que ofrezca educación con enfoque intercultural y así permita que el alumnado conviva respetando y tolerando la diversidad de costumbres y tradiciones. Un alumno de alguna minoría étnica que no siente que forma parte de sus raíces y tampoco del grupo mayoritario, se encuentra en mayor riesgo de usar la violencia justificando su uso; además, al no sentirse valorado, se afectará severamente su autoestima, lo que lo hace aún más vulnerable a involucrarse en situaciones conflictivas, como accidentes automovilísticos, uso de drogas, embarazos no deseados, deserción escolar, bullying, conducta antisocial, entre muchas otras.

Construir una red de relaciones positivas entre alumnado, poniendo especial atención en alumnos de grupos minoritarios, mediante estrategias planeadas como el aprendizaje cooperativo que permite trabajar sistemáticamente para demostrar conductas de ayuda, cooperación, tolerancia y respeto; permitiendo que los alumnos expresen sus opiniones, aprendiendo a escuchar a otros, ayudará a mejorar las relaciones y el clima escolar.

Si el papel de la escuela es importante, la intervención de los padres en este proceso de desarrollo de identidad étnica, es imprescindible;

pues es una convicción que comienza en la niñez temprana y tiene su momento crítico en la adolescencia, por lo que es en esta etapa cuando existe la posibilidad de no desarrollar identificación con el grupo cultural parental. Por eso se requiere la inculcación cotidiana de valores, tradiciones y costumbres, entre muchas otros elementos, que le permita al niño sentirse parte de un grupo y afirmar su bagaje cultural durante el proceso de desarrollo de su identidad.

ESTEREOTIPOS TRADICIONALES

Los estereotipos socioculturales dictan el comportamiento de las mujeres, asignándoles un rol que conlleva: sumisión, pasividad, cuidado de los hijos y la resolución de los conflictos emocionalmente. A los hombres se les limita a la exhibición de una conducta dominante y hasta se les castiga socialmente cuando no se comportan agresivamente y se les cataloga como débiles.

Las investigaciones actuales sobre bullying y violencia escolar y su relación con estereotipos tradicionales, permiten identificar que los hombres tienden a exhibir comportamiento agresivo más que las mujeres. Y no se debe a una circunstancia biológica, sino a la información sobre género dictada y contenida en la sociedad. Se ha identificado que los estudiantes de secundaria suelen desplegar conductas violentas cuando se identifican con conductas de dominio y abuso de poder o conductas definidas como machistas, que es el estereotipo masculino tradicional (Young y Sweeting, 2004); y cuando los alumnos –ya sean mujeres u hombres–, exhiben conductas asociadas al estereotipo femenino tradicional, como sumisión, dificultad para decir no o cuidar de otros, se encuentran en mayor riesgo de ser victimizados (Mendoza, 2006; Young y Sweeting, 2004).

ROL DE VÍCTIMA Y "FEMINIDAD"

Actualmente, en el cuerpo teórico del estudio de la violencia escolar y bullying, existen resultados empíricos que sugieren que niños y adolescentes, cuya conducta es considerada "femenina" para los chicos y "masculina" para las chicas, incrementa la probabilidad de ser victimizados en la escuela; y son objeto de burlas, excluidos socialmente por sus compañeros de clase e ignorados por los profesores (Young y Sweeting, 2004). En otro estudio se confirma que los estudiantes de secundaria que se identifican más con el estereotipo femenino tradicional, mostrando rasgos expresivos, como sensibilidad, emotividad, amabilidad, servilismo; tendencia a cuidar, tener calidez y comprender a otros, tienen mayor riesgo de ser víctimas de violencia escolar y bullying (Mendoza, 2006).

Los varones adolescentes con conductas atípicas con respecto a su rol de género, muestran generalmente poco interés en los juegos rudos y físicamente tienen menos habilidades para defenderse (Bradley y Zucker, 1997); y esas características tienen un efecto, principalmente de rechazo, ya que socialmente los hombres tienen más limitaciones sociales, debido al sometimiento de reglas estrictas que se consideran como propias de su género. Otro factor de exclusión al que se enfrentan los adolescentes con comportamiento atípico, es que los chicos dan elevada importancia a su masculinidad y rechazan a los compañeros menos masculinos por miedo a ser estigmatizados como ellos (Redman, 2000).

ROL DE BULLY Y "MACHISMO"

Existen estudios en los que se relaciona el estereotipo masculino tradicional con las situaciones de violencia escolar, donde se ha identificado una asociación entre "machismo" y bullying (Rigby, 1997). Los estudiantes que participan como agresores en las situaciones de bullying son percibidos por sus compañeros como valientes, fuertes y seguros de sí mismo, percepción influenciada por los modelos estereotipados que proyectan la imagen de ser fuerte, poderoso y dispuesto a controlar a otros (Rigby, 1997).

Es innegable la existencia de la identificación que tienen algunos alumnos con el estereotipo masculino en el contexto escolar, y se sabe que mientras mayor sea la influencia machista, menos simpatía se tendrá por la víctima. Los investigadores señalan también que los chicos se encuentran bajo constante presión social, al recibir mensajes como: "acosar a otros es la única manera de demostrar la masculinidad" o "no se debe de tener miedo de involucrarse en una pelea". La influencia de estos valores refuerzan que el alumnado sean menos empático con la víctima (Askew, 1989).

En otros estudios se ha detectado que las mujeres brindan más apoyo a las víctimas que los hombres, lo que puede deberse a la influencia del estereotipo femenino tradicional, a través del cual se enseña a las mujeres a ser mas empáticas (Rigby y Slee, 2002).

Por otra parte, los estudios que han explorado la relación existente entre los estereotipos y el estado de aislamiento, pues señalan que un factor que predispone que los hombres sean victimizados y encontrarse aislados, es: identificarse muy poco con la masculinidad.

¿EXISTE ALGUNA VACUNA CONTRA EL BULLYING?

FACTORES FAMILIARES QUE PROTEGEN A LOS ALUMNOS PARA NO INVOLUCRARSE EN EPISODIOS DE BULLYING

Los factores de protección contrarrestan los factores de riesgo y tienen también la función de prever si el bullying ocurrirá con poca o nula frecuencia.

En la Reunión Internacional de Violencia y Escuela, se ofrecieron una serie de lineamientos como factores de protección para las familias de adolescentes, producto de una serie de investigaciones que se han desarrollado en esta área.

- Aceptación a comportamientos tanto masculinos como femeninos, superando así la dicotomía sexista. Permisibilidad a comportamientos de los dos géneros y tener la capacidad para mostrar emociones sin avergonzarse, para tomar decisiones de forma autónoma y trabajar bajo presión (Mendoza, 2006).
- Recursos de apoyo a la familia, para favorecer la integración y ayudar a superar situaciones de aislamiento e inhibir la victimización. (Pellegrini et al.; 1999).
- Los jóvenes con vínculos de apego que les brinden seguridad, con los que se sientan apoyados, aceptados, queridos, escuchados, serán jóvenes con mayor bienestar, felicidad y tendrán mejores resultados escolares (Smith, 2005; Unnever y Cornell, 2004).
- La educación familiar debe fomentar el desarrollo de habilidades de comunicación asertiva y resolución de conflictos sin violencia.

- Estrategias de negociación, comunicación asertiva y habilidades para saber escuchar (Patterson, 1982).
- Límites en la educación de los hijos, de forma consistente con reglas claras y precisas, evitando el uso de golpes, amenazas, insultos o burlas.
- Espacios de comunicación entre padres e hijos, pláticas sin hacer críticas y juegos de calidad.
- Responsabilidad acerca de las necesidades básicas de sus hijos, como asearlos, alimentarlos, comprarles ropa y llevarlos al médico.
- Vínculos de confianza con los hijos, para lo cual se debe evitar el uso de golpes y amenazas. Se abusa de los hijos exigiéndoles que cumplan un rol que no les corresponde, como pedirles que hagan la comida, que cuiden a sus hermanos, que le den de comer al papá, etcétera.
- Monitoreo de los hijos, conocer a sus amigos, lugares de esparcimiento, lo que no significa controlarlos o vigilarlos en exceso.
- Contacto con el profesorado, asumiendo que los padres tienen completa responsabilidad en la educación de sus hijos.
- Atención a las emociones que viven sus hijos (identificar inmediatamente tristeza, enojo, felicidad, vergüenza, culpa, etcétera) y la forma que tienen de expresarlas: si se encierran en su cuarto, dejan de comer, rompen objetos y en casos extremos, si se autolesionan, arrancándose el cabello o haciéndose cortadas en su cuerpo, etcétera.
- Identificación de conductas de riesgo en sus hijos, cuando tienen trastornos en el dormir, en su alimentación, en su higiene o en sus relaciones con amigos.

En general, los factores de protección familiares son de suma importancia para evitar la participación de los niños en episodios de bullying. Sería un grave error responsabilizar a la escuela por el desarrollo y aprendizaje de conductas violentas, ya que en el seno familiar se desarrollan, sin duda alguna, factores que protegen al alumnado del riesgo de involucrarse como bullies, víctimas o espectadores. Para lograrlo, deben establecerse códigos familiares basados en el respeto, erradicando los golpes por parte de los padres hacia los hijos, entre hermanos, o de un cónyuge hacia el otro.

Otro factor protector es la empatía hacia los demás, lo que permite comprender el dolor, miedo o cualquiera otra emoción, alentando al hijo a realizar conductas reparadoras, en caso de haber causado daño.

Por otra parte, monitorear el comportamiento de los hijos, evitando caer en la intrusión, ayuda a disminuir el riesgo de involucrarse en situaciones violentas. El monitoreo incluye conocer los programas de televisión que ve o los sitios de internet que visita, así como su comportamiento y avance escolar. Indiscutiblemente, son factores de protección que, incluso, sirven también para prevenir el abuso sexual infantil.

La educación en la familia debe estar orientada a la práctica cotidiana de conductas de equidad en relación con el género (p.ej. hombres y mujeres ayudan en las tareas domésticas), la tolerancia, la cooperación y erradicar creencias sexistas, como apoyar más al hijo para estudiar porque es hombre, así como evitar comentarios racistas.

FACTORES QUE, DESDE EL CONTEXTO ESCOLAR, PROTEGEN A LOS ALUMNOS PARA NO INVOLUCRARSE EN EPISODIOS DE BULLYING

- Identificar al alumnado aislado y promover que participe en pequeños grupos para realizar actividades académicas y lúdicas. Se recomienda hacer uso de estrategias de aprendizaje cooperativo.
- Considerar al alumnado con la capacidad de tomar decisiones y de participar activamente en su proceso de aprendizaje, como construir, con la guía del profesor, un código de disciplina.
- Incrementar y mantener relaciones de calidad con el objetivo de crear vínculos que permitan que el alumnado confíe en el profesorado y sea capaz de comunicarle dificultades escolares.
- Adaptar el currículo a los progresos y capacidades del alumnado.
- Diseñar estrategias que permitan aumentar la motivación por el trabajo escolar (Wilson y Herrnstein, 1985).
- Tener en la escuela un programa de disciplina cuyas reglas se adecuen a los problemas y edades de los alumnos, mediante un reglamento que deberá ser construido y observado por alumnos y profesores, teniendo consecuencias inmediatas y consistentes su no acatamiento.
- Crear un clima libre de violencia para el profesorado, en el que perciban un ambiente laboral respetuoso, con oportunidades de desarrollo.

- Contar con medidas organizativas simples y concretas, que permitan la supervisión de zonas escolares tales como: patios de recreo, pasillos, comedor, servicios o baños (Olweus, 1993).
- Nombrar comisiones para que en tiempos de recreación los profesores tengan a su cargo la vigilancia de un número proporcional de alumnos (Blaya, 2005).
- Enseñar y practicar en la escuela habilidades de comunicación asertiva, con las que aprendan a expresar lo que sienten y piensan, sin lastimar a otros (Mendoza, 2010b). Emplear técnicas como el aprendizaje cooperativo con el fin de que los niños aprendan a regular su comportamiento, se promueva la cooperación y el logro de metas a través del trabajo en equipo y se facilite el aprendizaje de conductas prosociales.
- Promover en los niños el solicitar ayuda en caso de ser victimizados y capacitar a los docentes para que sepan cómo actuar.
- Organizar durante el recreo algunos juegos que brinden al alumnado la oportunidad de practicar un comportamiento prosocial.

La importancia de identificar factores de riesgo y protección, se debe a que guían el diseño de programas de prevención y tratamiento de violencia escolar y bullying. Estos programas deben impactar directamente en la calidad del ambiente escolar, en las relaciones entre pares, dentro y fuera del aula, así como la relación de profesores con alumnos. Para lograr esos propósitos, es necesaria la participación del profesorado, padres y estudiantes, en el mejoramiento de las relaciones que se establecen dentro y fuera del aula.

Existen programas de prevención y atención que recomiendan atender las variables que influyen en la vida de los jóvenes; por ejemplo, los modelos conductuales de los pares, la comunicación familiar, los hábitos académicos o de salud; el buen uso del tiempo libre en la práctica del deporte o en otras actividades como las artísticas. Hay que hacer énfasis en la motivación para cumplir con las tareas y responsabilidades escolares lo que reducirá la motivación para lastimar a otros compañeros. En conclusión: elevar la calidad de la vida escolar, familiar y de ocio de los jóvenes.

CAPÍTULO 3

MALTRATO ENTRE PROFESORES Y ALUMNADO: ¿LA OTRA CARA DEL BULLYING?

ANTECEDENTES

Las investigaciones de bullying se han centrado fundamentalmente en el estudio de la violencia entre pares. Sin embargo, hay otra cara de la violencia escolar que ha recibido muy poca atención por los investigadores: la victimización que viven los estudiantes a través de miembros de la comunidad educativa, especialmente por profesores, así como la violencia que reciben los profesores por parte de sus alumnos, identificada ya como bullying por Delfabbro, P., Winefield, T., Trainor, S., Dollard, M., Anderson, S., Metzer, J., y Hammarstrom, A. (2006); Mendoza, (2009, 2011). La conducta punitiva de algunos educadores escolares contribuye a que los alumnos se alejen del profesorado, pierdan la confianza en los educadores y muestren comportamientos disruptivos y violentos.

En 1999, la Subsecretaría de Educación Básica del Distrito Federal creó un grupo de especialistas para investigar casos de agresión ocurridos en el aula, que atendía especialmente casos de agresión sexual y maltrato en la interacción profesor-alumno. Hoy día este grupo es la Unidad de Atención al Maltrato y Abuso Sexual Infantil (UAMASI), que forma parte de la estructura de la SEP. En esta unidad de atención se realizaban detecciones de episodios de agresión a través de Asambleas Escolares, que son una herramienta válida y confiable para detectar episodios de agresión (Mendoza, 2009a).

En México, afortunadamente, cada vez son menos los casos de profesores que maltratan física o emocionalmente al alumnado; prácticas que fueron aceptadas por la *escuela tradicional,* en la que se creía erróneamente que la disciplina coercitiva funcionaba eficazmente para disciplinar al alumnado y que el control en el aula debía ejercerse mediante el miedo, sin pensar en lo que esas acciones provocaban a los niños.

El profesor es una figura muy significativa en la vida del alumnado, ya que proporcionan a los niños conocimientos y habilidades de aprendizaje que son vitales para su desarrollo social y psicológico, sirviendo como modelos de conductas normativas y habilidades sociales.

Los estudiantes, al relacionarse con los educadores, deberían aprender habilidades que son fundamentales para relacionarse sin violencia con otras personas, como: empatía, resolución no violenta de conflictos, tolerancia y respeto hacia la opinión de otros y hacia sí mismos.

El currículo que dicta la SEP promueve la adquisición y mantenimiento de conductas prosociales durante las actividades académicas o de recreación, programadas en el contexto escolar, sin embargo, es innegable la existencia de un currículo oculto presente todavía en algunas escuelas, a través del cual se modelan conductas, valores y normas que facilitan la aparición de comportamiento agresivo, como el ignorar el comportamiento abusivo de algunos alumnos, justificando que es un juego y es una forma de relación entre los estudiantes. Y, en algunos casos, son los educadores la fuente de maltrato emocional, física o sexual hacia sus alumno (Benbenishty et al. 2002; Mendoza, 2009a).

Las fortalezas que tiene el profesorado deben aprovecharse y algunas de ellas permitirían, sin duda alguna, decrementar episodios de bullying, pues ha desarrollado habilidades que le permiten identificar tempranamente signos de abuso y negligencia entre los estudiantes; igualmente, tiene competencias que le permiten trasmitir al alumnado seguridad y apoyo en situaciones de bullying, por lo que es indispensable la calidad de la participación profesional del educador en la erradicación de la violencia en las escuelas.

Olweus fue de los pioneros en identificar que el alumnado reportaba recibir malos tratos de parte de sus profesores (Olweus, 1993); años más tarde se dio a la labor de diseñar estrategias para hacer una detección más detallada, identificando que 10% del profesorado caía en maltrato hacia uno o más alumnos (Olweus, 2011).

Paralela a la literatura elaborada acerca de niños maltratados y abusados, en el escenario escolar se identificaron otros tres tipos de maltrato: emocional, físico y sexual. Los dos primeros se han justificado, diciendo que son medidas disciplinarias para el aula escolar.

Los niños que sufren maltrato por parte de profesores, están en mayor riesgo de desarrollar una serie de problemas educativos, como: conducta agresiva –tanto hacia el profesorado como hacia los compañeros o la escuela–, reacciones de miedo, enojo, frustración, sentimiento de venganza, somatizaciones; dependencia hacia padres y regresiones, como hacerse pipí en la cama; y muestran poco interés y placer por aprender, afectando su proceso de enseñanza-aprendizaje.

MALTRATO QUE EJERCE EL PROFESORADO HACIA EL ALUMNO

MALTRATO EMOCIONAL

¿Cómo se manifiesta?

Garbarino (1978), considera que el maltrato emocional es una forma tan devastadora de abuso infantil como el físico o el sexual. Las investigaciones sobre abuso emocional, indican que éste tiene consecuencias negativas a corto y largo plazo, afectando al niño en el área conductual, cognitiva, afectiva, social, y hasta en el funcionamiento fisiológico del niño.

En escenarios escolares, el maltrato emocional puede ser verbal o no verbal. El primero de ellos se refiere a conductas como: humillar en público, llamarles por apodos, maldecirles, ridiculizarles por sus ineficiencias o discapacidades; etiquetarles, gritarles hasta hacerles llorar; emplear amenazas para tratar de controlar la clase, así como usar sarcasmos. Y excluirlos o discriminarlos al darles un trato diferente, como proporcionar materiales necesarios para el aprendizaje solamente a algunos, entre otras agresiones verbales que tienen el potencial de hacer enojar a los estudiantes.

El maltrato no verbal puede ejercerlo el profesorado cuando deja tareas de manera excesiva como una forma de castigar al alumnado o permite que algunos alumnos hostiguen o desprecien a otros. Como un ejemplo, está el caso de un profesor que castigaba a los niños ridiculizándoles al bajarles el pantalón o subirles las faldas a las alumnas, delante de los otros alumnos, como un castigo ejemplar por portarse mal. Es maltrato cuando el docente avienta o destruye objetos del alumnado: arranca hojas de su cuaderno; avienta sus cuadernos al piso o rasga la hoja al trazarle un tache; o puede mostrarle constantes expresiones faciales de desapruebo o molestia.

Consecuencias en el alumno

- Bajo rendimiento escolar.
- Desconfianza para solicitar apoyo en caso de necesitarlo, pues hay un distanciamiento entre el estudiante y el profesor.
- Elevada preocupación por su aprovechamiento escolar.
- Desarrolla una percepción negativa de sí mismo, y llega a creer que no tiene capacidades, habilidades o conocimientos suficientes para hacer los trabajos académicos.
- Fobia, miedo o rechazo a la escuela demostrados con llanto excesivo.
- Dolores físicos (cabeza y estómago), a causa del miedo, el enojo o la frustración.
- Pesadillas, trastornos de sueño y depresión.
- Déficits en sus habilidades sociales y tienden a aislarse y se comunican poco con amigos.

Puede suceder que exista alumnado, padres de familia y profesorado que no identifican al maltrato emocional como una práctica abusiva del profesor hacia sus alumnos, lo que puede deberse a que es una conducta normal en los escenarios familiares y escolares, para relacionarse o disciplinar.

MALTRATO FÍSICO

¿Cómo se manifiesta?

El castigo corporal en el aula escolar es usado por algunos profesores para provocar pánico en los estudiantes y así mantenerlos bajo control.

Algunos mitos vigentes en la escuela tradicional refuerzan el empleo del maltrato físico, creyendo que:

- Forma el carácter.
- Trasmite respeto hacia los adultos.
- Se controla la mala conducta del alumnado y se mantiene el orden en el aula.
- Es una práctica de disciplina infantil que debe ser empleada en casa y escuela.
- Ayuda a disminuir los problemas de conducta.

Las ideas antes mencionadas son falsas, ya que modelos motivacionales y de aprendizaje han permitido identificar que ese tipo de prácticas disciplinarias incrementan la frecuencia y severidad del uso de la violencia en el alumnado, ya que aprenden que el empleo de conductas agresivas funciona para controlar a otros, para comunicarse y para solucionar conflictos, seguridad que facilita el uso de violencia hacia otros compañeros.

Desafortunadamente, el maltrato físico justamente tiene el efecto contrario de lo que quiere evitar. Usar el maltrato físico para detener el comportamiento agresivo del alumnado lleva a una escalada de violencia entre profesorado y alumnado; acompañada de sentimiento de venganza, enojo y frustración. Si el profesorado recurre al maltrato físico para controlar a sus alumnos, manteniendo un clima hostil, la consecuencia es que se construirá un aula fuera de control, ya que algunos alumnos no seguirá instrucciones, le impedirán dar sus clase: gritarán, harán ruidos molestos, lo ignorarán y corre con un alta probabilidad de que algún alumno dañe sus objetos personales o hasta a él mismo (Mendoza, 2006).

Conductas consideradas maltrato físico

Empujar, abofetear, pellizcar, golpear, patear, poner al niño de rodillas o aventarle objetos. Son acciones que se presentan de forma repetitiva hacia un alumno o grupos de alumnos que ha sido escogido por el profesor.

Algunos de los instrumentos empleados por el profesorado para maltratar a sus alumnos son: reglas de madera, gomas, correas de cuero, cinturones, bastones, borradores, gises, reglas, varas o, en su defecto, usar la mano o el pie. Se llegó a identificar a un profesor que mojaba la cabeza de sus alumnos, les ponía chamarras y los dejaba debajo del sol durante varias horas.

Existen otras formas de maltrato que el profesorado ha empleado para castigar a los alumnos como: recluirles en espacios físicos reducidos, abusando y usando inapropiadamente el tiempo libre; forzarles para que mantengan en clase posturas que los lastiman, durante periodos de tiempo irrazonables; exponerlos a ambientes desagradables, ya sea con malos olores o nula iluminación; hincarlos y ponerles objetos sobre las manos; solicitar que realicen ejercicios físicos en exceso o tratar de forzar a los padres para que les suministren ciertos medicamentos que los tranquilicen durante el horario escolar.

Consecuencias en el alumno

- Lo destruye emocionalmente.
- Afecta la calidad de su relación con el profesor, por lo que nunca tendrá confianza para solicitarle apoyo.
- Rompe la comunicación efectiva entre ambos.

MALTRATO SEXUAL

¿Cómo se manifiesta?

El abuso en el área sexual de parte de algunos profesores hacia sus estudiantes, es la tercera categoría recientemente identificada en escenarios escolares.

Es muy reciente el reconocimiento de la victimización sexual hacia el alumnado, pues su identificación se inicia en la década de los ochenta en Estados Unidos de Norteamérica y en otras culturas de habla inglesa.

El abuso sexual en escenarios escolares, es una forma de victimización que va desde recibir comentarios sexuales inapropiados hasta tocamientos inapropiados. Cualquier contacto de naturaleza sexual entre miembros del comité educativo y el alumnado es inaceptable y debe ser considerado maltrato (Mendoza, 2009a, Shakeshaft y Cohan, 1995).

El abuso sexual en las escuelas, es una de las muchas conductas consideradas como parte de la violencia escolar y la victimización estudiantil aunque, debido a su naturaleza, el alumnado lo informa con escasa frecuencia. Es definido como un conjunto diverso de conductas que comparten un objetivo común: la intimidación, el establecimiento de dominio, poder y jerarquía, haciendo uso de conductas coercitivas (Mendoza, 2009a).

Las conductas de acoso sexual pueden ser externadas a través de apodos, nombres o bromas, con un subtexto sexual. Wishnietsky (1991), señaló que el abuso sexual se caracteriza por obligar, a través de amenazas, a que los niños realicen conductas sexuales (verbales o físicas), sometiéndolos o condicionándolos para obtener una calificación. El abuso sexual puede ocurrir entre compañeros escolares o entre adulto y estudiantes (Mendoza, 2009a).

Winks (1982), realizó un extenso estudio sobre la incidencia e implicaciones legales del abuso sexual en el contexto escolar. Argumenta que hay evidencia suficiente para demostrar que el abuso sexual en el escenario escolar es un problema generalizado; y destaca la conspiración del silencio en la que participan alumnado, profesorado y directivos. Concluye que existe una fuerte tendencia en las instituciones educativas a proteger a los profesores que abusan sexualmente del alumnado.

Consecuencias en el alumno

Las víctimas de abuso sexual en escenarios escolares sufre repercusiones, a corto y largo plazo, tanto en el aprovechamiento académico como en las relaciones sociales y en su bienestar psicológico, afectando al ambiente escolar, volviéndolo hostil e intimidante.

Consecuencias a corto plazo

- Dificultades para establecer relaciones de amistad y aislamiento.
- Conocimiento precoz o inadecuado sobre la sexualidad.
- Conductas exhibicionistas.
- Excesiva curiosidad sexual y masturbación constante.
- Comportamiento agresivo.
- Pérdida de control de esfínteres.
- Cambios en el apetito.
- Problemas al dormir, como dificultades para conciliar el sueño o dormir mucho más de lo normal. Se despiertan en la noche y tienen pesadillas.
- Dificultades en el aprendizaje y miedo a la escuela.

Algunas de las consideraciones para erradicar el abuso sexual es dotar a los niños de habilidades que les permitan disminuir la vulnerabilidad a las agresiones sexuales:

- Capacidad de decisión, sin importar la edad que tengan. A cualquier edad podrán tomar decisiones firmes; los pequeños pueden elegir el sabor del helado, la ropa que van a ponerse, qué deporte practicar o el instrumento musical que quieren aprender a tocar.
- Impedir ser maltratados, pues el maltrato de los padres u otros adultos, pone en mayor riesgo a los niños de ser victimizados; la sobre-

protección también es una forma de maltrato ya que les impides actuar libremente en su medio.

- No avergonzarse al hablar con adultos; que sean capaces de mirar a los ojos y solicitar lo que desean de manera correcta.
- Habilidad para decir: "no estoy de acuerdo"; o solicitar explicaciones a los adultos cuando observan algo injusto. Por ejemplo, "Maestra, ¿me puedes decir por qué no sigues el reglamento?, dices que no entremos comiendo al salón y tú lo haces".
- Procurar que los padres se ocupen de ellos, que conozcan su comportamiento en la escuela, lo que les gusta, lo que les disgusta, lo que comen o dejan de comer; sus hábitos de higiene, etcétera.
- Que no sean maltratados cuando expresen lo que sienten o piensan.
- Sostener un vínculo fuerte con los padres, que jueguen juntos, vayan al cine, los abracen, los escuchen o les cuenten cuentos.
- Pedir a los padres que establezcan límites, hábitos y normas, en las que toda la familia participe, como poner la mesa y recogerla, guardar los juguetes, etcétera.

MALTRATO HACIA EL PROFESORADO

La Directora del Observatorio Europeo de Violencia Escolar –en la actualidad Observatorio Internacional de Violencia Escolar–, invitó en 2005 a especialistas para investigar sobre la calidad de la relación entre profesores y alumnos, argumentado que para la mejora del clima escolar no sólo hay que centrar la atención en el comportamiento y bienestar de los alumnos sino también en el de los profesores, que muchas veces se sienten inseguros por la victimización de la que pueden ser objeto. El maltrato que demuestran los alumnos hacia los profesores, es un tema que ha recibido escasa o nula atención, a pesar de que es un hecho que ocurre en muchas escuelas y en cualquier nivel de educación. Se han llegado a documentar casos de violencia extrema, como el asesinato de un profesor, en la Haya, en 2004.

En la década de los setenta se realizaron una serie de investigaciones para conocer los miedos, aprensiones y preocupaciones del profesorado, que fueran inherentes a su labor docente. Sin embargo, es hasta el inicio de la década de los ochenta que se realizaron investigaciones que se aproximaban más al estudio del maltrato que el alumnado ejerce hacia el profesorado.

En los estudios de investigación sobre el tema, se ha identificado que:

- El alumnado de bachillerato señala portarse mal como una forma de venganza para poner al profesor "en su lugar" (Hart, Brassard y Germain, 1987).
- El profesorado de grupos étnicos minoritarios reciben más maltrato que los de grupo mayoritario (Dworkin, Haney y Telschow, 1988).
- La violencia contra el profesorado es resultado de una campaña antiescolar dirigida a los representantes del sistema educativo (Blaya, 2005).
- El alumnado de secundaria maltrata frecuentemente a 10% de sus profesores (Terry,1998).
- Existe una conexión entre el maltrato que recibe el profesor del alumnado y el maltrato que el profesor dirige hacia los alumnos (Mendoza, 2011).

En estudios desarrollados con alumnado de secundaria en Madrid (Mendoza, 2006, 2011) se identificó que si el profesorado: a) discrimina al alumnado, cinco de cada diez alumnos, lo rechazarán; b) excluye al alumnado, cinco de cada diez alumnos, lo agredirán físicamente; c) maltrata emocionalmente a los estudiantes, cinco de cada diez, lo rechazarán o lastimarán alguna de sus pertenencias; y si d) agrede físicamente a sus alumnos, seis de cada diez, le regresarán la agresión y lo maltratarán emocionalmente.

Es decir, cuando existen aulas fuera de control, en donde algunos de los alumnos no realizan trabajo académico por hacer otras cosas; exhiben comportamiento que impide al profesor dar su clase o exhiben conducta de maltrato hacia el profesorado como retarlo, burlarse de él, ignorarlo, alzarle la voz, etcétera; sin duda es un aula en la que el profesorado está mostrando prácticas de disciplina inconsistentes, que dependen de su estado de humor y probablemente han sido acompañadas de algún tipo de maltrato.

¿QUÉ INFLUYE PARA QUE EXISTA MALTRATO ENTRE PROFESORES Y ALUMNOS?

Se ha demostrado empíricamente que el profesorado presenta niveles elevados de estrés debido a factores como: salarios, prestaciones, disciplina escolar, grupos numerosos, condiciones laborales precarias, cantidad irrazonable de trabajo administrativo y relaciones negativas con el personal no docente. Estos factores de estrés pueden fomentar un sentimiento de inseguridad importante y, como consecuencia, conducir al profesorado a un estado de burnout; además, incrementan la vulnerabilidad del profesorado ante comportamientos trasgresores de los alumnos, lo que aumentará más su malestar (Blaya, 2003).

Si un profesor tiene problemas frecuentes con alumnos por su conducta disruptiva, hay algunos aspectos que se sugiere analice en el clima áulico:

- Si su alumnado que tiene dificultades en su aprendizaje es porque sus necesidades educativas aún no han sido cubiertas.
- Si se cuenta con un código de disciplina, propuesto por todo el alumnado, pero que en algunos momentos se respeta y no en otros. Si sólo a veces los niños sufren una consecuencia por su conducta disruptiva y otras no.
- Si está mostrando liderazgo (no confundir con autoritarismo) y tiene una reacción justa ante las situaciones conflictivas en el aula. Si acaso el alumnado está percibiendo que no hay organización ni tampoco planeación en sus clases.

ALGUNAS VARIABLES QUE SE RELACIONAN CON LOS MALOS TRATOS EN LA INTERACCIÓN PROFESOR-ALUMNO

CONDUCTA NEGATIVA DEL ALUMNO

Se ha identificado que las aulas con niveles altos de conducta disruptiva, se caracterizan por tener un clima altamente competitivo, donde el alumnado cree que debe mostrar que sabe hacer las cosas mejor que otros. En ellas existen alumnos con dificultades académicas que aumentan la frecuencia de la conducta disruptiva debido a que eligen llamar la atención por su mal comportamiento y no por su pobre rendimiento académico.

Según la opinión de los mismos alumnos, las siguientes son las principales causas de mala conducta en el aula (Miller et al., 2002):

a. El alumnado atribuye su desobediencia al comportamiento injusto del profesor, pues grita todo el tiempo, es malhumorado, molesta a los alumnos, no escucha, tiene a sus favoritos y algunos alumnos son culpados injustamente. O es un docente que ignora el buen comportamiento, pero el mal comportamiento lo atiende inmediatamente, y es demasiado blando.

b. La presión del grupo de amigos, hace que algunos se porten mal, dado que algunos obligan a otros con amenazas a portarse mal y los distraen durante la clase.

c. Rigidez de la clase, con demasiado trabajo, muchas tareas y con un profesor muy estricto.

d. Circunstancias familiares adversas. En su entorno hay constantes peleas en casa; o algún miembro de la familia es adicto al alcohol o a drogas, y así encontramos niños faltistas con el permiso de los padres.

Según la opinión de los padres, las causas de la mala conducta de sus hijos en el aula escolar, son: a) comportamiento injusto del profesorado; b) vulnerabilidad del alumnado a la presión de grupo de pares; y c) circunstancias familiares adversas.

¿Cómo crear aulas sin comportamiento disruptivo?

• Hacer más énfasis en la adquisición y aplicación del aprendizaje en su vida cotidiana que en su calificación.

• Evitar imponer reglas rígidas y tratar de ejercer control total de la conducta.

• Eliminar todo tipo de maltrato, en especial, el abuso verbal hacia el alumnado.

• Usar estrategias de negociación que permitan una mayor participación y compresión de los objetivos de la clase.

• Motivar al alumnado para que participe en actividades de clase y ayudarle a fortalecer sus conocimientos con tareas bien dirigidas.

• Establecer claramente las consecuencias por el incumplimiento de normas, con la intención de mantener un clima social de respeto y armonía en el aula escolar.

• Mostrar mayor reconocimiento y aprecio por conductas prosociales que por las agresivas, generalmente es al revés, se ignoran las conductas positivas. Estar atento cuando levanta la mano un alumno para participar y no minimizar sus aportaciones a la clase.

- No considerar las opiniones de otros profesores sobre los alumnos, pues se predispondrán si los alertan sobre los niños problema, perdiendo objetividad sobre las fortalezas y debilidades académicas del alumnado.
- Evitar formarse una impresión negativa del grupo a partir de los primeros días de clase, ya que impedirá mostrar interés por los avances académicos.
- Renunciar a mantener el orden a través de gritos o amenazas.
- Reconocer la diversidad en el aula y atenderla.
- Crear la percepción de un profesor justo y respetuoso.

Si se quiere tener una guía sobre el comportamiento que debe existir en la escuela, basta con preguntarnos qué tipo de sociedad se quiere construir, y así se obtendrá una guía de modelos conductuales para el recinto escolar, como: comunicación asertiva, expresión de enojo sin comportamiento agresivo, solución no violenta de conflictos, negociación, mediación, desarrollo de habilidades y comportamientos prosociales de ayuda, tolerancia y respeto, para contribuir a la construcción de una sociedad libre de violencia.

LA DOBLE CARA DE LA VIOLENCIA ESCOLAR: BULLYING Y RECIPROCIDAD COERCITIVA EN LA INTERACCIÓN PROFESORADO-ALUMNADO

En estudios desarrollados en México y Madrid, se ha identificado la existencia de la otra cara de la violencia escolar: el maltrato en la relación entre profesorado y alumnado.

A continuación se presentan los datos de un estudio desarrollado con alumnado de secundaria (Mendoza, 2006, 2011), que demuestra la reacción de revancha que muestra un alumno cuando es maltratado por el profesor. Cuando existe un aula con alumnos que muestran comportamiento disruptivo y violento, deberá conocerse la calidad de la relación que el profesor mantiene con sus alumnos.

TIPO DE RELACIÓN ENTRE ALUMNOS Y PROFESORADO: ESCALAMIENTO DE COMPORTAMIENTO AGRESIVO

Se identificaron dos tipos de relaciones conflictivas entre alumnos y profesores, caracterizadas por maltratar y recibir maltrato:

RECHAZO-DISRUPCIÓN. En esta relación el alumnado rechaza al profesor, ya sea porque el maestro lo aísla, sentándolo en otro lugar; le impide participar en ceremonias cívicas; o cuando le solicita ayuda el profesor lo ignora o se la niega. El alumno, por su parte, durante la clase exhibe conducta disruptiva, rechazo y el profesor le resulta antipático.

ESCALAMIENTO COERCITIVO. Esta relación se caracteriza por recibir agresión, maltrato emocional y rechazo por parte del profesor: lo interrumpe cuando habla, le grita, le insulta, le agrede o le rompe sus pertenencias; le avienta objetos como gises o el borrador, lo ridiculiza, se burla de él, le echa la culpa de algo cuando no tiene responsabilidad. A cambio, durante la jornada escolar, el estudiante amenaza al profesor, le grita; le rompe o esconde sus pertenencias; lo insulta a sus espaldas; lo rechaza, le habla con malos modales; y con su mal comportamiento le impide dar su clase.

Existe otro grupo de alumnos que no se involucra en conflictos con el profesorado. Está formado por alumnado que no ejerce y tampoco recibe malos tratos por parte de sus profesores, es decir, "se lleva bien con el profesorado". Representa 70% del alumnado y es la mayoría. Sin embargo, si tres alumnos de cada diez, se lleva mal con el profesor, lo retan, lo amenazan, lo rechazan o no siguen sus instrucciones, podemos imaginar un aula escolar con nueve alumnos que presentan conducta disruptiva y agresiva hacia el profesor y viceversa; lo que claramente afecta de manera negativa el contexto áulico, impidiendo el proceso de enseñanza-aprendizaje, dada la mutua agresión entre alumnos y profesores.

Lo anteriormente expuesto pone de manifiesto que difícilmente en la escuela se puede enseñar tolerancia y respeto mutuo, si los principales agentes de cambio no actúan de acuerdo con lo que se pretende enseñar.

Los resultados enfatizan que el alumnado reaccionará negativamente ante los malos tratos del profesorado, por lo que es necesario que el profesorado realice objetivamente diversas autoevaluaciones sobre su comportamiento hacia sus alumnos, identificando si brinda un trato diferenciado a algunos alumnos; si castiga sin averiguar lo que sucedió; si tiene prejuicios contra estudiantes a los que ignora, excluye durante las clases; si brinda más y mejores oportunidades de aprendizaje al alumnado que cree que vale la pena, dejando olvidados a los niños que tienen un ritmo de aprendizaje diferente al de los demás.

Se concluye que el buen trato de los profesores, la planeación de las clases y la vinculación de los aprendizajes con la vida diaria, permitirán tener aulas con menos conducta disruptiva y violencia.

¿Existe conexión entre bullying y "llevarse mal" con el profesorado?

Se identificó que sí existe conexión entre bullying y maltrato en la relación alumno-profesor, identificándose que:

- 24% del alumno acosador o bully, tiene problemas de desafección y rechazo con sus profesores. Se gritan mutuamente y no ponen atención en lo que dicen o hacen.
- 51% de los niños bully participan en una relación de reciprocidad coercitiva con el profesorado; es decir, maltratan a sus profesores y son maltratados por ellos.
- 75% de los alumnos bully tienen problemas en la relación con sus profesores, lo que afecta sin duda la calidad del proceso enseñanza-aprendizaje.

Conviene destacar que el alumnado que no participa en situaciones de bullying con sus compañeros ni como víctima ni como agresor, no tiene problemas con los profesores y podrán ser una red de apoyo importante para erradicar el bullying. Y aunque este grupo de alumnos sea la mayoría, no justifica el uso de agresión contra los otros.

Al revisar los porcentajes, queda de manifiesto que la prevención de la violencia escolar y el bullying, debe hacerse desde una perspectiva integral que incluya programas de intervención para mejorar la calidad de la relación entre profesores y alumnos, con la finalidad de crear lazos de confianza, comunicación y negociación entre ellos.

Reciprocidad coercitiva en episodios de bullying entre profesores y alumnos

La reciprocidad coercitiva ocurre cuando la persona quien recibe la agresión, responde de igual forma, involucrándose en un peligroso intercambio que puede escalar a niveles graves. En estudios desarrollados en el Laboratorio de Desarrollo y Contexto de Comportamiento Social de la Facultad de Psicología UNAM (Mendoza, Santoyo, 2010) y en la Unidad de Psicología Preventiva de la Facultad de Psicología en la Universidad Complutense de Madrid (Mendoza, 2006), indicaron la existencia de *reciprocidad coercitiva,* en la relación que establece el alumnado y profesorado, lo que permite predecir un escalamiento.

El análisis del punto de vista del alumnado, permitió ver la problemática en la interacción entre los adolescentes y sus profesores, identificando dos tipos de problemas claramente diferentes en cuanto a naturaleza y gravedad, (Mendoza, 2006, 2010a, c).

El primer problema identificado fue que 24% de los estudiantes perciben que no tienen oportunidad para vincularse académicamente con sus profesores; se sienten desmotivados y expresan comportamiento disruptivo, lo que impide que el profesor dé su clase. El problema parece ser de naturaleza reactiva ante el rechazo y exclusión del profesor hacia esta cantidad de alumnos.

En otros estudios sobre bullying se ha identificado que los estudiantes, en general, suelen expresar que su mal comportamiento hacia el profesor se debe a su falta de apoyo, mismo que convendría mejorar en las intervenciones destinadas a erradicar dicho problema, favoreciendo un vínculo de calidad que ayude a todo estudiante a obtener protagonismo positivo en el aula, como puede ser que realice tareas de liderazgo que le permitan exhibir cooperación y ayuda hacia sus compañeros.

La segunda problemática identificada, remite a conflictos más graves de interacción con profesores, que afecta a 6% de los estudiantes. Este tipo de situaciones sí se conceptualizan como episodios de franco bullying, dada la estrecha relación que se observa aquí entre el trato tan coercitivo que estos alumnos perciben recibir y dar a sus profesores, como son insultos, humillaciones, amenazas y agresiones mutuas. Cabe plantear como hipótesis que las acciones probablemente se inicien de forma reactiva y se agraven como una conducta instrumental destinada a demostrar el propio poder al otro, por lo que aquí será necesario que el profesor no justifique el maltrato aludiendo a la necesidad de disciplina y que los alumnos tampoco lo justifiquen como una defensa ante los abusos que perciben recibir del profesor.

Conviene tener en cuenta que la mayoría de los alumnos que participan en situaciones de bullying hacia el profesorado, también acosan a sus compañeros. Existe en el perfil de esta clase de alumnos, una fuerte orientación al dominio y al acoso, lo que conduce a pensar que la relación de maltrato que entablan con sus profesores, puede tener una función instrumental en la que demuestran poder, aunque quizá maltratan de forma reactiva, como las escaladas de maltrato detectadas en otros contextos entre adolescentes y adultos.

¿Por qué existe la reciprocidad coercitiva entre profesores y alumnos adolescentes?

El tipo de maltrato que con mayor frecuencia existe entre profesores y alumnos, es el asociado al rechazo, la exclusión y el trato discriminatorio, seguido por maltrato emocional. El último tipo de maltrato que se detecta en los conflictos entre profesores y alumnos es la agresión verbal o física, por lo que el escalamiento del maltrato en la interacción profesor-alumno tiene su origen en conductas percibidas por el alumnado como injustas, como que los maestros no se den cuenta de los abusos de otros compañeros en clase; que los castiga por igual; los ignora y en las ceremonias cívicas participan los alumnos de siempre, provocando conductas de rechazo que el otro alumnado genera hacia el profesor.

Como se demostró en esta investigación, el empleo de prácticas de disciplina asociadas a conductas de maltrato, facilitan el escalamiento de comportamiento coercitivo. Es por eso que en los trabajos de prevención e intervención para disminuir niveles de violencia y acoso escolar, es urgente que se erradique la creencia de que se puede combatir la violencia y la indisciplina, con prácticas punitivas que lo único que provocarían es el escalamiento del comportamiento agresivo, facilitando un clima hostil en el contexto escolar (Mendoza, 2011).

Estresores para el profesorado

Existen diversos factores que pueden causar estrés en el profesorado, originándole tensión que provoca clima negativo en el aula escolar. Dichos factores pueden explicar el escalamiento coercitivo en la interacción profesorado-alumnado. El escalamiento coercivito es el intercambio de conductas en un conflicto, que en un inicio son inofensivas hasta escalar a altos niveles agresión altos, llegando a un abuso grave. Entre los factores están:

- *Diversidad en el alumnado.* Alumnado con escaso logro académico que le lleva a tener más actitudes negativas hacia la escuela y menor motivación en el área académica (Wilson y Herrnstein, 1985); es alumnado que muestra poco o nulo interés por aprender. Algunas características del alumnado como pueden ser el género, grupo étnico, edad, nivel de competencia, conducta disruptiva, que influyen notablemente cuando el profesorado: a) tiene escasa habilidades para establecer límites consistentes y sin agresión; b) no planea la clase; c) cuando no adapta la clase a las necesidades de aprendizaje del alumnado; d) si critica al alumno en lugar de retroalimentar y guiarlo.

- *Comportamiento negativo del alumnado.* La conducta disruptiva del alumnado, es una de las principales fuentes de estrés para el profesorado, ya que debe enfrentar alumnos ruidosos, mal educados, que eructan y se ríen, como si fuera una gracia; que cuentan con pobres hábitos académicos, como no llevar sus útiles o llevarlos rotos o sucios. Son estudiantes que trabajan en cualquier cuaderno, sin seguir un orden, y parecen mostrar poco interés en el trabajo escolar, y no terminan los trabajos en clase porque platican y se distraen constantemente.

- *Comportamiento negativo del profesorado.* Existen comportamientos del profesorado que se relacionan con la mala conducta del alumnado, como: a) mostrarse injustos al dar un castigo tanto al que agrede como al agredido; b) dar un tema por visto y preguntarlo en el examen; c) formarse una imagen negativa del alumno, a partir de la primera impresión; dar menos recursos a un niño porque cree que no aprenderá como los otros; y d) expresar de forma inadecuada, emociones negativas, como gritar e, incluso, pegarle a un alumno para reprenderlo;

y e) hacer un juicio de un alumno a partir de las recomendaciones que le hace el profesor de otros grados, con juicios, como: "cuidado con este alumno porque su familia no apoya y al niño no le interesa aprender, además es mala influencia para los demás".

Para cerrar el capítulo se destaca que para crear un ambiente de calidez y respeto en el aula escolar, se sugiere que el profesorado refuerce consistentemente las conductas positivas del alumno, tenga un tono de voz cálido y muestre interés por sus participaciones, que efectúe un monitoreo constante del trabajo, y haga énfasis en vincular el aprendizaje con la vida diaria, motivando constantemente hacia el gusto por el trabajo académico. Debe, para concluir, mostrarse justo cuando establece límites y costos a la conducta disruptiva y violenta.

Segunda parte

Fase de Evaluación

En la parte teórica se enumeraron una serie de factores de riesgo y protección, derivados de las investigaciones científicas. A partir de ellos, se elaboraron listas cotejables que permiten identificar tempranamente al alumnado que se encuentra en riesgo de involucrarse en situaciones violentas y bullying.

Escuela

Como ya se ha mencionado, la escuela tiene una función socializadora con el potencial de elevar la calidad de la convivencia entre escolares. Por lo que se hace necesario conocer los facilitadores de comportamiento violento en el recinto escolar, por lo que se sugiere el uso de las siguientes herramientas:

Listas cotejables

Estos cuestionarios los debe responder el profesorado y director, así como por personal educativo de apoyo a la escuela: pedagogo, psicólogo o cualquier otro especialista; cuya opinión permita obtener un panorama general de los factores de riesgo escolares, con el objetivo de que puedan ser minimizados.

A continuación se sugiere que todo el personal del centro escolar conteste las siguientes listas en individual, y que, posteriormente, en colegiado, tanto el profesorado como el director, reflexionen y determinen si existen factores que sitúan en mayor riesgo al alumnado para que desarrollen conductas violentas y bullying.

Lista cotejable A **Factores de riesgo en el contexto escolar**	
Nombre:_____ Escuela:_____ Cargo:_____ Fecha_____	
Por favor, conteste las afirmaciones con base en lo que ha observado en su centro escolar	Sí
I. Disciplina inconsistente • A veces sanciona cuando se rompe una regla y otras no, aun cuando se rompe la misma regla. • La disciplina depende del estado de humor del profesor. Si está "de buenas" ignora o incluso se ríe por el rompimiento de una regla; si "está de malas" reacciona agresivamente hacia el alumnado. • El alumnado desconoce las normas de conducta y las consecuencias de romperlas. • Existe un sistema de disciplina punitivo que va desde aislar al alumno hasta la expulsión. • Cuando un alumno pega a otro; contesta con malos modales al profesor; no hace su trabajo escolar o presenta conducta disruptiva en el aula, ¿se le reprende regañándolo, amenazándolo y gritándole, pero sin que en realidad tenga un costo su comportamiento?	❏ ❏ ❏ ❏ ❏
2. Código de conducta • Sí existe, pero nadie lo cumple, porque no se toma en serio. • No existe un código de conducta que trasmita valores. • El código de conducta no ayuda a que el alumnado sea responsable de sus actos. Si se rompe una regla, el profesor no pone una sanción que le permita al alumno aprender la conexión entre su comportamiento y las consecuencias. • No siempre se sanciona al romper una regla. • El código de conducta se desarrolló sin tomar en cuenta la opinión del alumnado.	❏ ❏ ❏ ❏ ❏
3. Sexismo • Se brindan más funciones de responsabilidad y toma de decisión a hombres que a mujeres. • Algunos profesores ridiculizan a los varones cuando se muestran sensibles o empáticos al dolor de otro, diciéndole: "pareces niñita". • Se cree que hay que poner más atención a los hombres, ya que se pierde el tiempo al ayudar niñas, pues se van casar o a tener hijos, sin terminar la escuela. • A las niñas se les dan actividades o juegos pasivos, más sedentarios, mientras que a los niños se les brindan actividades de mayor contacto físico y más movimiento. • Se solicita a los alumnos que brinden apoyo a personas embarazadas y de la tercera edad, pero no se solicita lo mismo para con las alumnas.	❏ ❏ ❏ ❏ ❏

- El equipo de fútbol escolar se organizó únicamente para varones sin abrirse la posibilidad para el equipo femenino. ❑
- Se llama a las niñas con diminutivos que evocan ternura, como "princesita", mientras que a los niños se les llama por su nombre con un tono de voz rígido. ❑
- A los niños se les invita para que opinen, reflexionen o argumenten más que a las niñas. ❑
  Otros_____
  _____

4. Diversidad del alumnado

- Se cuenta con personal especializado para apoyar la diversidad en el alumnado (p.ej. respecto a la educación intercultural, etcétera). ❑
- Se usan materiales didácticos y estrategias diversificadas para atender la heterogeneidad en el aula escolar. ❑
- Algunos profesores creen que las condiciones familiares y el nivel social de un alumno determina su futuro y la escuela no puede ayudarlo. ❑
- Se respeta la forma de hablar, de vestir y la cultura del alumnado. ❑
- La escuela ofrece alternativas al alumnado que no tiene el material por falta de recursos económicos. ❑
- El personal académico cuenta con estrategias específicas para atender a alumnos con conducta disruptiva, violenta o en riesgo de abandonar la escuela. ❑
- El profesorado planea las clases, tomando en cuenta los diferentes ritmos de aprendizaje del alumnado. ❑
- La escuela ha elaborado estrategias para atender a alumnos que se ausentan por lo menos una vez a la semana. ❑

5. Rigidez en la clase

- Rigidez excesiva en la clase: no se habla, no hay salidas al baño, no se puede pedir prestado material en caso de olvido del propio. ❑
- El profesor es el único que tiene la razón. ❑
- Se prohíbe que el alumnado realice observaciones o "corrija al profesor". ❑
- Generalmente el alumnado no opina y sólo se le permite al profesorado. ❑

6. Vulnerabilidad psicológica del profesorado

- El profesorado percibe que ya no es respetado por alumnado y padres de familia. ❑
- Cree que ha perdido fortaleza en el proceso enseñanza-aprendizaje. ❑
- Siente que no es tan competente para controlar el comportamiento del alumnado. ❑
- Existen conflictos entre profesores. ❑
- El profesor sabe que su liderazgo es desacreditado. ❑
- Siente que su labor docente ha perdido reconocimiento social. ❑
- Intuye que es perseguido por alguna autoridad educativa o por compañeros profesores que le impiden realizar su función. ❑

7. Clima escolar permisible a la violencia	
• El profesorado no sabe cómo actuar y cree que es normal que los alumnos se digan apodos, se den zapes, se burlen de otros o se insulten.	❑
• El grupo académico desconoce cómo identificar e intervenir ante situaciones de bullying entre sus alumnos.	❑
• El personal desconoce qué hacer y cómo actuar para mejorar la convivencia escolar.	❑
• Cuando existe un conflicto, ¿se castiga por igual al que pega y al que recibe el golpe?	❑
• El profesorado cree que el bullying o la violencia escolar se debe a factores externos, por lo que él no puede hacer nada para erradicarla.	❑
8. Gestión escolar	
• Es un plantel con un gran número de estudiantes (_____).	❑
• En el centro escolar hay edificios y zonas recreativas extensas.	❑
• En la escuela existen varios edificios y varios patios.	❑
9. Deficiente comunicación con los padres	
• Los padres generalmente no asisten a talleres y pláticas que organiza la escuela.	❑
• Los jefes de familia responsabilizan a la escuela del mal comportamiento de sus hijos.	❑
• Los padres de niños identificados como niños-riesgo, no asisten a la escuela para tener un seguimiento de su desempeño.	❑
• Cuando hay un conflicto entre compañeros, los padres lo resuelven "a su modo", fuera del plantel escolar.	❑

Se sugiere que la lista cotejable sea contestada por cada profesor de grupo, por la psicóloga educativa y/o por el equipo de apoyo, equipo directivo y padres de familia –se sugiere que sean los padres que conforman el Consejo de Participación Social–, y así obtener la opinión de la mayoría de la comunidad educativa, lo que sin duda permitirá tener mayor objetividad en el diagnóstico.

HOJA DE CALIFICACIÓN PARA LAS LISTAS COTEJABLES

Esta herramienta es para uso individual, y se emplea una por cada lista cotejable que se haya contestado. Al tener la hoja de calificación de cada integrante de la comunidad educativa, se realizará un análisis del puntaje, así como de los puntos de mayor riesgo, lo que permitirá sopesar el nivel de posibilidad en el que se encuentra la comunidad escolar de vivir bullying.

Calificación	Un punto	Cero puntos
1. Disciplina inconsistente Uno, cuando se anotó *Sí* en uno de los cinco puntos.	❑	❑
2. Código de conducta Uno, cuando se anotó *Sí* en uno de los cinco puntos.	❑	❑
3. Sexismo Uno, cuando se anotó *Sí* en cuatro opciones.	❑	❑
4. Diversidad Uno, cuando se anotó *Sí* en tres de los ocho puntos.	❑	❑
5. Rigidez en la clase Uno, cuando se anotó *Sí* en dos de los cuatro puntos.	❑	❑
6. Vulnerabilidad psicológica del profesorado Uno, cuando se anotó *Sí* en tres de los siete puntos.	❑	❑
7. Clima escolar permisible a la violencia Uno, cuando se anotó *Sí* en alguno de los cinco puntos.	❑	❑
8. Gestión escolar Uno, cuando se anotó *Sí* en uno de los tres puntos.	❑	❑
9. Deficiente comunicación de los padres Uno, cuando se anotó *Sí* en dos de los cuatro puntos.	❑	❑
Calificación: Si se suman más de siete puntos, la escuela se considera en riesgo ALTO de que se presenten conductas de bullying. Si hay cinco puntos, la escuela se encuentra en riesgo MEDIO. Si hay menos de tres puntos se considera que se encuentra en riesgo BAJO.	**Puntaje** _____	

IDENTIFICACIÓN DE PROBABLES VÍCTIMAS Y ACOSADORES

Prevenir bullying desde el contexto escolar, contempla la participación y compromiso de todos los integrantes de la comunidad educativa.

La identificación de niños en riesgo de ser victimizados o de participar como bully, víctima o bully/víctima, requiere la opinión de los profesores, quienes son expertos en observar el comportamiento del alumnado, por lo que si ellos tienen la sospecha de que existe un niño que puede estar en riesgo de ser víctima de bullying, se sugiere conteste la lista cotejable E, con base en las actividades y conductas que el niño realiza durante la jornada escolar; para que la información sea objetiva se propone solicitar la opinión de otros dos miembros de la comunidad educativa, como: director, psicólogo educativo, entre otras personas del plantel escolar que mantengan contacto con el alumnado.

Lista cotejable E **Factores de riesgo individuales para alumnos propensos a ser maltratados**	
Nombre: _____ Escuela: _____ Cargo: _____ Fecha: _____ Nombre del niño evaluado: _____	
¿Has observado alguna de las siguientes características en uno de tus alumnos desde que inició el ciclo escolar?	Sí
• Tiene rasgos percibidos como diferentes: atractivo físico, cuerpo atlético, deportista; o con necesidades educativas especiales, discapacidad, trastornos alimentarios visibles. Inteligente, simpático. Con comportamiento clasificado como "femenino" en chicos y "masculino" en chicas.	❏
• Se encuentran solo durante los descansos o cambios de clase.	❏
• No participa en equipos y prefiere trabajar individualmente.	❏
• Tiene pocos amigos, uno o dos.	❏
• Participa poco en clase.	❏
• El profesorado lo percibe como el niño que: "se lleva y no se aguanta".	❏
• Le cuesta trabajo tomar decisiones.	❏
• Tiene dificultades para decir NO, cuando no está de acuerdo en algo o con alguien.	❏
• Sigue generalmente a lo que dice la mayoría.	❏
• Se comunica con tono de voz bajo, sin firmeza y no establece contacto visual.	❏
• Al caminar se "encorva".	❏
• Resuelve los problemas llorando o huyendo.	❏
• Se mete constantemente en problemas.	❏
• Se percibe frágil.	❏
• Se muestra tímido y temeroso.	❏

• Descarta la posibilidad de lograr sus metas o ni siquiera se fija metas.	❑
• Parece que se lleva mejor con los adultos que con sus pares.	❑
• Sin importar lo que el alumno víctima haga, se burlan constantemente de él, le hacen bromas pesadas y le ponen apodos.	❑
• Pertenece a un grupo minoritario (étnico, religioso o social, entre otros).	❑
• Parece ser un niño miedoso.	❑
*Cada afirmación contestada con un *sí*, se califica como un punto.	
Calificación 14 a 20 puntos: Riesgo ALTO de ser victimizado. 9 a 13 puntos: Riesgo MEDIO. 0 a 8 puntos: Riesgo BAJO.	

Para calificar se recomienda tomar en cuenta dos de tres opiniones. Por ejemplo: en la línea *Se encuentran solo durante los descansos o cambios de clase*; el profesor Víctor contesta *Sí*, la profesora Carmen contesta *No* y la profesora Lupita contesta *Sí*. La respuesta que se anotará será Sí, debido a que fue la más recurrente.

Para complementar la información proporcionada por la lista cotejable E, se sugiere que el profesorado o psicólogo educativo haga uso de guías de observación o de otros instrumentos sociométricos, que permitan identificar el comportamiento social del niño.

El alumnado que emplea el comportamiento violento debe ser detectado tempranamente, ya que se ha comprobado que el comportamiento violento es estable a través del tiempo y de los escenarios. Si un niño exhibe comportamiento violento para relacionarse con sus compañeros y no modifica sus patrones de conducta, así seguirá por el resto de su trayectoria escolar, laboral y social.

LISTA COTEJABLE **F** **Factores de riesgo individuales para alumnos propensos a maltratar**	
Nombre: _____ Escuela: _____ Cargo: _____ Fecha: _____ Nombre del niño evaluado: _____	
¿Has observado alguna de las siguientes características en uno de tus alumnos desde que inició el ciclo escolar?	Sí
• Se percibe más fuerte y poderoso que otros.	❑
• Presenta dificultades académicas, no lleva el material, no termina el trabajo por hacer otras cosas o se ausenta, entre otras.	❑
• Es inteligente y sin embargo no está motivado para cumplir con tareas y trabajos en clase.	❑
• Es altamente competitivo en otras áreas que no son las académicas.	❑
• Miente frecuentemente.	❑
• Manipula las relaciones de amistad para lograr lo que desea y sus amigos hacen lo que él quiere.	❑
• Se lleva mal con el profesorado, no sigue instrucciones y no terminan el trabajo académico.	❑
• No respeta reglas y reta a la autoridad.	❑
• Tiene amplio grupo de amigos.	❑
• Cuenta con amigos leales que se "cubren" entre ellos.	❑
• Justifica el uso de la violencia y acepta conductas como mentir, robar o burlarse.	❑
• Le funciona ser simpático o hacerse el chistoso para atraer la atención.	❑
• Tiene pensamiento dicotómico: todo lo ve en blanco o negro y expresa comentarios como: "nadie me comprende", " nada de la escuela sirve", "el profesor no enseña nada", etcétera.	❑
• Constantemente rompe reglas.	❑
• Usa la agresión para comunicarse con otros, empuja para pasar, arrebata los objetos o toma pertenencias de otros sin permiso.	❑
• Se distrae fácilmente.	❑
• Dice que ya terminó el trabajo en clase, pero está mal hecho o no lo terminó.	❑
• Realiza actividades diferentes a las planteadas en clase.	❑
• Siempre se encuentra en donde hay problemas.	❑

• Es "mandón", toma las cosas sin permiso, no expresa las gracias ni pide por favor.	❑
*Cada afirmación contestada con un _sí_, se califica como un punto.	

Calificación
13 a 18 puntos: Riesgo ALTO de maltratar a otros compañeros.
7 a 12 puntos: Riesgo MEDIO.
0 a 6 puntos: Riesgo BAJO.

Se sugiere que una vez que se hayan identificado posibles agresores y víctimas, se hagan observaciones durante la clase y en la hora del recreo, para valorar y describir la relación que establecen el agresor y la víctima.

Para una evaluación escolar completa, se sugiere que, además de las listas cotejables anteriormente descritas, aplicar un instrumento por grado escolar que valore la relación entre profesores y alumnos (el instrumento se presenta en este libro, vea anexo), así como otras herramientas que permitan valorar el bullying entre compañeros.

Se recomienda que el diagnóstico escolar sea guiado por una psicóloga, y apoyado por un especialista en la materia. Los resultados permitirán tener un panorama global sobre la probabilidad de la presencia de bullying y violencia escolar.

FAMILIA

Los valores, hábitos, creencias, actitudes y comportamientos, que muestran los integrantes de una familia, son aprendidos por los hijos y los trasladan al contexto escolar. Por lo tanto, es necesaria la participación familiar para modificar la conducta acosadora de niños bully, víctima, víctima/bully, espectador, secuaz o de cualquiera que esté involucrado en el ciclo del bullying. Aunque existen padres de familia que "creen" erróneamente que la escuela es responsable de la educación integral de sus hijos.

IDENTIFICACIÓN DE FACTORES FAMILIARES DEL ALUMNO BULLY

La siguiente lista cotejable B enumera una serie de factores familiares que, al presentarse, sitúan en mayor riesgo al alumno de exhibir comportamiento agresivo (bully), por lo que su uso puede ser una guía para mejorar la calidad en la relación con los hijos.

Para tener mayor objetividad en la información se propone que por cada alumno se responda, en colegiado, una lista por el profesor, psicólogo educativo y por el director.

LISTA COTEJABLE B **Factores de riesgo en el contexto familiar para un probable alumno bully**	
Nombre: _____ Escuela: _____ Cargo: _____ Fecha: _____ Nombre del niño evaluado: _____	
Por favor, respondan las afirmaciones con base en lo que han observado en relación con el contexto familiar del niño-riesgo.	Sí
• Su familia no se acerca emocionalmente a él y no hay un vínculo afectivo fuerte entre padres e hijo.	☐
• Existe violencia intrafamiliar.	☐
• En su hogar se emplean prácticas de formación inconsistentes, punitivas y autoritarias.	☐
• Se han enterado que hay escasa comunicación y que ni siquiera conversan en su casa.	☐
• Cuando tiene un conflicto familiar lo resuelve con conducta desafiante o lo evitan, como si nada sucediera, diciendo: "me importa poco".	☐
• No recibe disciplina en su casa; no hay límites y todo es "light".	☐
• Conflictos con padres y tienen información de que discuten constantemente, que hay críticas y desaprobación.	☐
• Igualmente, han detectado que tiene enfrentamientos con los hermanos, que mantienen una relación competitiva, escasa comunicación, rivalidad y se presenta hasta agresión física.	☐
• Cuando el alumno enfrenta un problema los padres no se enteran, no le dan importancia o no le brindan apoyo.	☐
• Los padres no supervisan a su hijo, no conocen los lugares que frecuenta ni a sus amigos o su comportamiento en la escuela.	☐

• El niño evaluado tiene amigos que muestran conductas de riesgo, como ausentismo, deserción escolar, bajas calificaciones; o ingieren drogas o alcohol, etcétera.	❑
• Una práctica común familiar es el uso de mentiras para resolver los conflictos o los problemas cotidianos.	❑
• Se detecta una comunicación distante y hostil con sus padres.	❑
• No hay convivencia con los parientes, como ir al cine, conversar, etcétera.	❑
• Los padres lo maltratan, ya sea físicamente, ignorándolo o siendo negligentes en su cuidado y atención.	❑

*Cada afirmación contestada con un *sí*, se califica como un punto.

Calificación
10 o más puntos: el alumno se encuentra en riesgo ALTO de desempeñar
  el rol de bully.
6 a 9 puntos: el niño se encuentra en riesgo MEDIO.
0 a 5 puntos: el niño se encuentra en riesgo BAJO.

IDENTIFICACIÓN DE FACTORES FAMILIARES DEL PROBABLE ALUMNO VÍCTIMA

LISTA COTEJABLE C
Factores de riesgo en el contexto familiar para un probable alumno víctima

Nombre: _____ Escuela: _____
Cargo: _____ Fecha: _____
Nombre del niño evaluado: _____

Por favor, respondan las afirmaciones con base en lo que han observado en relación con el contexto familiar de una posible víctima.	Sí
• Sus padres son sobreprotectores.	❑
• Lo controlan emocionalmente y no le permiten tomar sus propias decisiones (conforme su edad), y los padres las toman por él, haciéndole creer que aún no es capaz de elegir.	❑
• En su hogar emplean prácticas de disciplina con maltrato, abusando sus padres de su autoridad, infundiéndole miedo a través de amenazas, maltrato verbal y físico.	❑

• El niño percibe a sus padres como intrusivos, pues lejos de monitorear para conocer un poco más sobre él y su relación con el mundo: lo espían, revisan su mail y sus interrelaciones en las redes sociales, así como las páginas que visita en la Red; escuchan sus conversaciones telefónica o leen su celular.	❑
• Los padres no promueven que establezca relaciones con familiares o con otros chicos de su edad.	❑
• En su casa identifican con dificultad las emociones del hijo.	❑
• Guarda pobre comunicación con sus seres más cercanos, pues no conocen los nombres de sus amigos en la escuela; no saben ni siquiera si tienen dificultades en el ámbito escolar.	❑
• Los padres no establecen comunicación con la escuela, por lo que desconocen si su hijo asiste, si cumple con el trabajo académico, etcétera.	❑
• Los familiares resuelven sus conflictos evitándolos, por lo que el mensaje que trasmiten a su hijo es: "dale la vuelta a los problemas".	❑
• Los padres le resuelven los problemas y hasta le hacen la tarea.	❑
• Se desarrolla en su hogar bajo un esquema de educación de modelo dominio-sumisión.	❑
• Ha sido maltratados por adultos.	❑ ❑
• Participa poco en clase y su voz tiembla al participar.	❑

*Cada afirmación contestada con un *sí*, se califica como un punto.

Calificación
9 a 13 puntos: Riesgo ALTO de desempeñar el rol de víctima.
6 a 9 puntos: Riesgo MEDIO.
0 a 5 puntos: Riesgo BAJO.

COMUNICACIÓN ENTRE FAMILIA Y ESCUELA

El bullying es un comportamiento aprendido, que cumple una función específica en quien lo externa. Hay niños que han aprendido que, a través de él, logran ser protagonistas, ser populares, conseguir lo que quieren y en el momento que lo desean. Ejercer bullying los hace sentirse poderosos sobre otros que perciben como débiles. Y existen factores que influyen para que el comportamiento de bullying se mantenga.

Un factor que afecta negativamente para su prevención y disminución, es la pobre comunicación entre la mayoría de los padres de familia y autoridades escolares, asumiendo que la responsabilidad de la educación es únicamente de la escuela o de los padres, por lo que hay que convocarlos a la participación.

La lista cotejable D deberá ser contestada tanto por padres como por el profesor del grupo. Por lo tanto, se obtendrán dos listas por cada alumno evaluado. Se sugiere que sea el psicólogo educativo quien contraste los resultados y así conozca la diferente o parecida percepción que tienen con respecto a la comunicación entre padres y profesorado.

LISTA COTEJABLE D
Factores de riesgo por deficiencias en la comunicación entre familia y escuela

Nombre: _____ Escuela: _____
Cargo: _____ Fecha: _____
Nombre del niño evaluado: _____

Por favor, conteste las afirmaciones con base en lo que ha observado.	Sí
• Los padres creen que la responsabilidad de la educación de sus hijos es totalmente de la escuela.	❑
• El profesorado evita establecer contacto con familias de alumnos con bajo rendimiento porque cree que es tiempo perdido.	❑
• La escuela hace contacto con los padres únicamente para expresar quejas del comportamiento de sus hijos, sin valorar las fortalezas.	❑
• Los padres y profesores expresan al alumnado críticas de unos hacia los otros.	❑
• Existen frecuentemente relaciones tensas o coercitivas entre padres y profesorado, incluso, uso de amenazas para intimidar.	❑
• Con frecuencia se usa al alumnado para enviar mensajes negativos, ya sea de los padres al maestro o viceversa.	❑
• Los padres creen que su participación en la escuela no es necesaria para la educación de los hijos.	❑
• No existe cooperación entre familia y escuela.	❑
• Los padres difícilmente asumen los derechos y obligaciones que tienen en la educación de sus hijos.	❑
• La escuela no promueve contactos regulares con los padres para establecer medidas que apoyen el aprovechamiento escolar de sus hijos.	❑

• Cuando un profesor necesita hablar con los padres debido a un comportamiento grave de su hijo en el aula, como puede ser el tocar los genitales de otros compañeros; amenazarlos, pegarles o robarles, generalmente no acuden al llamado del profesorado.	❏
• Si un padre solicita la ayuda del profesor porque le pegan a su hijo en la escuela, el docente se muestra negativo o indiferente al reclamo y no ayuda a proteger al alumno.	❏

*Cada afirmación contestada con un *sí*, se califica como un punto.

Calificación
8 a 12 puntos: la comunicación entre familia y escuela es ALTAMENTE deficiente.
4 a 7 puntos: la comunicación es DEFICIENTE.
0 a 3 puntos: la comunicación DEBE FORTALECERSE.

¿Cómo abordar un caso de bullying?: Primeros auxilios para la atención del caso

Cuando en el plantel escolar se presenta un caso de bullying, es conveniente tener una bitácora con la reseña del caso, para evitar que el niño víctima o el agresor, sean entrevistados varias veces, haciéndoles sentir que no se le brinda atención inmediata.

A continuación se brindan algunas sugerencias que se han usado para la atención de bullying y episodios de violencia extrema entre escolares, como abuso sexual, uso de armas, amenazas e, incluso, pandillerismo.

Entrevista con el alumnado víctima

Cuando se conoce un caso de bullying, se sugiere que se tenga una guía de entrevista cuyo objetivo sea obtener información concreta que permitirá atender el caso.

Guía de entrevista

- Conocer el nombre y grado de las personas que lo han molestado.
- Identificar el nombre del alumno que comienza las agresiones y a los alumnos seguidores.

- Lograr especificar la forma en que lo molestan. Si el bullying comenzó con exclusión, rechazo de sus compañeros y fue escalando hasta tipos de bullying de mayor gravedad.
- Ubicar el lugar o lugares en los que normalmente ocurre el maltrato.
- Saber el horario en el que normalmente lo molestan y detectar si se encuentra el profesor de grupo en esos momentos.
- Definir si lo molestan cuando se encuentra solo, con su mejor amigo o en presencia de otros compañeros de grupo. Informarse sobre qué hacen los otros compañeros mientras lo maltratan.
- Esclarecer cómo percibe la víctima a sus agresores; si le parecen más fuertes, protegidos por otros compañeros o por el profesorado, entre otras.

Hacer sentir al alumnado en confianza y apoyado

Normalmente la víctima de bullying tiene dificultades para revelar lo sucedido, debido a que teme que el costo que tendrá el evidenciar a sus agresores será más alto que el beneficio que pueda obtener por revelar la victimización, pues normalmente el profesorado castiga a los dos; inclusive, castiga solamente al agraviado. Se calla, porque:

- Tiene miedo de quedar desamparado y no recibir ayuda por parte de las autoridades escolares.
- Ha recibido múltiples amenazas, concediendo tal poder a los agresores que siente que ni las autoridades escolares pueden ayudarlo.

Un niño víctima dijo: "él es muy fuerte, le tenemos miedo porque tiene una banda y nos tiene amenazados, incluso hasta a los *profes* los tiene amenazados". Por su parte, una niña víctima expresó: "Javier únicamente me lastima en la clase de la *miss* de Inglés, porque ella me castiga a mí cuando me molesta; a él no le dice nada y a mí me grita, por eso mejor me aguanto... con la de Español, Javier no me hace nada, porque ella sí lo castiga a él y me cuida".

Por lo tanto, se sugiere hacer sentir a la víctima que es un niño valioso, valiente y que no tiene la culpa de las agresiones que ha vivido.

En caso de que el niño rompa en llanto (por coraje, tristeza o miedo), se sugiere solicitarle su permiso para abrazarlo o sostenerle la mano. Hay que recordar que este niño ha sido agredido durante algún periodo de tiempo, por lo que se encuentra más sensible al contacto que otros niños que no han vivido abusos físicos, y puede sentir un abrazo como inoportuno.

Se recomienda que la información que el alumnado víctima proporcione durante la entrevista, sea manejada con cautela, cuidando que dicha información no se cuente a otras personas sin previa autorización del niño; hay que garantizarle que únicamente será utilizada para su protección y ayuda, pues si el niño llega a oír que en los pasillo se comenta sobre la información que proporcionó en la entrevista, se sentirá defraudado por las autoridades escolares, regresando a una situación de soledad y desprotección total, lo que puede llevarlo a retractarse de lo dicho e, incluso, al abandono de la escuela. Por lo tanto se sugiere que autoridades escolares y profesorado, identificado un caso de bullying, brinden el apoyo necesario para detener dichos episodios y garantizar la integridad física, emocional y sexual del alumnado dentro del plantel escolar.

Caso 14
Atención a la víctima

Una madre de familia asistió a varios talleres para identificar y prevenir bullying; su hijo Martín ya había estado en asambleas escolares cuyo objetivo era identificar episodios de bullying y obtener herramientas para solicitar ayuda. Después de la información proporcionada a madre y alumno, el estudiante decidió romper el silencio y le pidió ayuda a su madre: "ya no quiero ir a la escuela, Manuel me molesta todos los días… hasta quiere tocar mis genitales". Por supuesto, la madre solicitó ayuda inmediata a la profesora.

La profesora entrevistó a la víctima y al agresor por separado, teniendo un acuerdo con cada uno de ellos. Posteriormente, con acompañamiento de la psicóloga, le pidió a Martín que mirará a los ojos a Manuel y con voz firme le dijera: "no te permito que me vuelvas a molestar, voy a pedir ayuda cada vez que me molestes"; a continuación, la profesora le dijo a la víctima: "de aquí en adelante yo te protegeré y nadie te volverá a lastimar". El alumno bully le ofreció una disculpa y se comprometió a no volver a molestarlo. De cualquier manera la profesora ofreció que todos los días iba a monitorear el comportamiento de Manuel.

Conviene destacar que en el aula de esa profesora se habían puesto en práctica todas las estrategias que se sugieren para evitar el bullying y la violencia escolar. Además, se citó a la madre del niño bully, quien se comprometió a solicitar ayuda psicológica inmediata para su hijo, acordando que tendría comunicación constante con la profesora, para conocer el comportamiento de su hijo. La victimización cesó, Manuel no ha vuelto a molestar a Martín.

¿Qué se hace con la información de la entrevista?

La información de la entrevista puede vaciarse en la siguiente lista cotejable, permitiendo identificar si el alumno vive bullying o violencia escolar.

Lista cotejable **G** **Entrevista con la víctima**	Sí	No
1. La víctima se siente intimidada		
• El alumno siente temor de que el profesor se ausente, o de ir al baño y hasta de salir al patio.	❏	❏
• El alumno no se siente seguro en la escuela.	❏	❏
• El alumno ha recibido amenazas de otros compañeros.	❏	❏
2. La víctima se siente excluida		
• El alumno desea participar en juegos o integrarse a equipos de trabajo pero no se lo permiten o no lo invitan.	❏	❏
• El alumno se siente ignorado, debido a que no le hablan ni lo saludan.	❏	❏
• El alumno sabe que han hablado mal de él o lo han difamado; lo que le ha afectado para tener redes sociales.	❏	❏
3. La víctima percibe que su agresor es más fuerte		
• El alumno percibe que su agresor es más fuerte que él porque es más alto, más grande o más fuerte física o intelectualmente.	❏	❏
• El alumno sabe que su agresor tiene más amigos o está protegido por otros (alumnos, profesorado, director, etcétera).	❏	❏
• El alumno percibe que su agresor tiene más poder social o económico que él. Por ejemplo, tiene más amigos, tiene más dinero o tiene más cosas que los otros.	❏	❏
• La víctima se siente menos que el agresor.	❏	❏

	Un punto	Cero puntos
4. Las agresiones son cada vez de mayor intensidad • Cuando se documenta el caso, se observa que las agresiones comenzaron: excluyendo, diciendo apodos, burlándose, lastimando las pertenencias personales, insultándolo, amenazándolo, hasta llegar a las agresiones físicas. • Las agresiones son constantes. • Las agresiones comenzaron con burlas acerca de algún rasgo de su persona, como forma de vestir, de hablar, color de piel, inteligencia, etcétera.	☐ ☐ ☐	☐ ☐ ☐
5. Las agresiones pueden ocurrir en privado • Las agresiones ocurren cuando el profesor no se encuentra. • El daño se provoca en presencia de un adulto; sin embargo, el contexto permite que la agresión no se identifique, ya sea porque hay mucho ruido o hay muchos niños, etcétera. • La violencia es ignorada o no es castigada por el adulto, porque considera que es parte del juego.	☐ ☐ ☐	☐ ☐ ☐

Calificación	Un punto	Cero puntos
1. La víctima se siente intimidada Uno, cuando se anotó Sí en uno de los tres puntos.	☐	☐
2. La víctima se siente excluida Uno, cuando se anotó Sí en uno de los tres puntos.	☐	☐
3. La víctima percibe que su agresor es más fuerte Uno, cuando se anotó Sí en uno de los tres puntos.	☐	☐
4. Las agresiones son cada vez de mayor intensidad Uno, cuando se anotó Sí en uno de los tres puntos.	☐	☐
5. Las agresiones pueden ocurrir en privado Uno, cuando se anotó Sí en uno de los tres puntos.	☐	☐
Calificación Si hay tres puntos o más se considera que el alumno es una víctima de bullying y amerita una inmediata atención.		

Guía de atención

- Analizar la información de la entrevista para garantizar que las agresiones no se vuelvan a presentar y reducir el riesgo de que la víctima sea molestada.
- Diseñar estrategias –algunas se describen en la *Fase de intervención*–, como asambleas escolares, buzón de quejas, monitoreo y práctica cotidiana del reglamento escolar, entre muchas otras.
- Empoderar a los espectadores –que pueden llegar a ser la mayoría de los alumnos del salón–, para que ayuden a las víctimas, lo que permitirá que se unan para pedir ayuda a un adulto y proteger a la víctima.
- Canalizar inmediatamente al alumno bully a una psicóloga especialista que le ayude a modificar la conducta.
- Implementar las estrategias de atención en el aula escolar para reducir los episodios de bullying.
- Incrementar la comunicación entre padres e hijos, así como entre familia y escuela, para poder recurrir a solicitar su apoyo.

Fase de Intervención: Programa Integral para Mejorar la Convivencia Escolar (PRIMCE)

Las propuestas que a continuación se presentan, sienta sus bases en las Ciencias de la Conducta, área de la psicología científica que permite –mediante el desarrollo de teorías de aprendizaje y motivación–, describir, explicar, predecir y controlar el fenómeno de bullying.

Toda la fase se enmarca en el Plan y programas de estudio, que actualmente están vigentes en México. Las estrategias que se ofrecen a continuación, buscan desarrollar competencias para la vida que les permitan a los estudiantes: tomar decisiones, elegir y asumir con responsabilidad sus actos, para convivir sin violencia y aprender conductas prosociales que les permitirán mejorar la convivencia escolar. Hay que destacar que las acciones propuestas contemplan las competencias dictadas en la Reforma Integral de Educación Básica (RIEB).

El Objetivo General es que la escuela desarrolle oportunidades al alumnado para que aprendan y pongan en práctica competencias para la vida, a partir del análisis contextual –escolar, áulico y sociofamiliar–, haciendo de la escuela un espacio en el que el alumnado aprenda en un ambiente seguro, siendo el profesorado el agente de cambio, guiado por psicólogos educativos, pedagogos o maestros de apoyo.

Para implementar el programa es necesario el apoyo del director, en su papel de líder escolar, ya que su gestión fortalecerá la comunicación entre los profesores y el psicólogo educativo (u otro docente). El programa fortalece el liderazgo del profesorado, logrando que los alumnos que adopten comportamiento disruptivo, agresivo o con perfil de bullying devuelvan la autoridad al líder del aula: el profesor.

Para implementar el programa se requiere seguir cuatro pasos: observación, análisis, retroalimentación y seguimiento.

Observación

En cada componente del programa se ofrecen listas de cotejo, es decir, herramientas dirigidas a obtener información sobre el clima del aula, que a su vez permiten identificar los elementos que facilitan la aparición y el mantenimiento de ciertos comportamientos, como el disruptivo o agresivo. En este primer paso se observa sin intervenir activamente, es decir, sólo se recoge información a través de las listas mencionadas.

Se sugiere obtener información en tres momentos diferentes (en un periodo de 15 a 30 minutos por observación).

Análisis

El psicólogo educativo u otro especialista en educación analiza la información recabada en las listas de cotejo con base en lo sucedido en el aula durante las clases. A partir de dicho análisis se brinda a los profesores retroalimentación para apoyar la toma de decisiones, en especial, técnicas específicas para los alumnos que se encuentran en mayor riesgo de ser victimizados o bien, de participar con agresión hacia otros.

Retroalimentación

La retroalimentación cumple el objetivo de brindar información precisa al profesor de grupo, para mejorar la convivencia escolar. Es decir, se informa sobre los "facilitadores" de conducta disruptiva, agresión o bullying identificados en su aula. Al final de la retroalimentación, se firma un acuerdo y el profesor comienza a implementarlo. Por lo general, el directivo realiza la gestión necesaria para que durante el horario de las materias de educación física o inglés, el profesor de grupo reciba retroalimentación del especialista en educación (pedagogo, maestro de apoyo, psicólogo, trabajador social, entre otros).

Seguimiento

Cualquier programa para prevenir o intervenir con el fin de mejorar la convivencia escolar y la calidad en las relaciones entre el alumnado, deberá tener una fase de seguimiento, mediante la cual se podrá identificar las fortalezas y debilidades, así como desarrollar los ajustes necesarios. Durante el seguimiento es necesario que ingrese al aula un especialista (quien esté a cargo del programa y no sea siempre la misma persona que brinda la retroalimentación al profesorado). Con la guía de las listas de cotejo (proporcionadas en cada componente), dicho especialista identificará si el programa se ha implementado y cuáles son los resultados; esto es, día a día se puede conocer su impacto. En este paso, se ingresa al aula y se supervisa que los cambios (los acordados en la retroalimentación) se estén efectuando. De no ser así, el especialista deberá intervenir (previo acuerdo con el profesor de grupo) en ese momento para solucionar los déficits.

A continuación se presenta los componentes del Programa Integral para Mejorar la Convivencia Escolar a través de competencias (PRIMCE).

Nueve Componentes del Programa Integral para Mejorar la Convivencia Escolar a través de competencias (PRIMCE)

- *Mi aula ordenada:* Orden y limpieza.
- *Yo respeto:* Código escolar.
- *Yo cuido:* Desarrollo de empatía.
- *Yo opino:* Asamblea escolar.
- *Yo ayudo:* Juego de disciplina.
- *Yo me controlo:* Autocontrol de enojo.
- *Yo aprendo:* Motivación para actividades académicas.
- *Yo me quiero:* Autoestima.
- *Yo comparto:* Recreo con diversión y sin agresión.

Cada estrategia estará debidamente desglosada para su implementación. Como podrá verse, los títulos expresan, en primera persona, las conductas prosociales que se desea que todos los niños involucrados en el ciclo de bullying, mediante actividades académicas, aprendan a reducir la conducta violenta.

PRIMERA ESTRATEGIA
MI AULA ORDENADA: ORDEN Y LIMPIEZA

COMPETENCIAS
- Competencias para la vida en sociedad

OBJETIVO

Aumentar la inclusión del alumnado, así como eliminar barreras para el aprendizaje, asociadas al acceso al pizarrón, escasa visibilidad, seguimiento de instrucciones; o de interacción con otros alumnos o profesorado.

CARACTERÍSTICAS

Este componente se caracteriza por implementar actividades básicas que permitan eliminar barreras para el aprendizaje que son propias del contexto áulico. Es una estrategia que todo profesor debería poner en práctica durante todo el año escolar. Aunque suena lógico que el profesor tenga un aula ordenada —mobiliario que permita que todos los alumnos tengan acceso al pizarrón; que ningún alumno tenga un asiento especial; que los aditamentos para ir al baño se encuentren a la alcance de todos y que las "idas" al baño se encuentren perfectamente normadas, se ha identificado que, por ejemplo, en las aulas donde existe bullying, generalmente el alumnado puede ausentarse hasta 15 minutos sin que el profesor se dé cuenta de su ausencias y es justo en estas largas ausencias que el alumnado puede involucrarse en situaciones violentas. El personal que cuida espacios comunitarios tampoco se da cuenta de las largas estancias del alumnado en patios, baños; ni notan que un alumno, por sentirse rechazado, se esconde en la hora de descanso en la biblioteca o en otros lugares en donde la supervisión de adultos es escasa, lo que lo hace más vulnerable a la victimización.

Las numerosas observaciones que he realizado en aulas en las que existe bullying, me han permitido identificar que hay un denominador común en ellas: no hay orden y tampoco limpieza; es decir, al entrar al aula, se ubican niños que lo único que ven es la pared durante la jornada escolar; hay niños que no tienen acceso al pizarrón ya que se encuentran sentados de espaldas a tan importante elemento de la clase. En otras aulas no hay filas definidas, de tal manera, que los asientos crean una fila única que si se llena de suéteres, crea una barrera perfecta para impedir la visibilidad detrás de ella y es ahí donde puede presentarse conducta de extrema violencia sin que el docente se dé cuenta.

ACCIONES ESPECÍFICAS A DESARROLLAR POR EL PROFESORADO

- Organizar el mobiliario del aula escolar de manera que físicamente ningún alumno quede excluido y todos tengan contacto visual con el profesorado, así como con los materiales educativos.
- Tener las filas alineadas, evitando mochilas que le impidan el acceso para monitorear el trabajo académico. El alumnado no debe tener

en su mesa nada más que el material que requiere y su lugar ha de estar limpio. El profesor puede establecer dos momentos del día para que recoja cada alumno lo que hay tirado debajo de su silla.

- Implementar la *caja de sorpresa*. Es una buena fórmula para devolver a los compañeros los objetos que se extravían. Consiste en dar al grupo una caja de cartón como de zapatos, para que coloquen cotidianamente los objetos que se encuentren. Antes de depositar objetos en la caja de sorpresa, se tienen que asegurar que ningún compañero indique ser dueño del objeto. Cada semana se puede otorgar un *diploma a la honestidad* a un alumno. El profesor, de común acuerdo con el grupo, establece los requisitos para ganarse el diploma, poniendo atención en que todos los alumnos tengan la oportunidad de ganar uno.

A continuación se presentan algunos esquemas de aulas en las que se han presentado episodios de bullying, con un antes y un después. Conviene destacar, que la estrategia de orden y limpieza, se pone en práctica

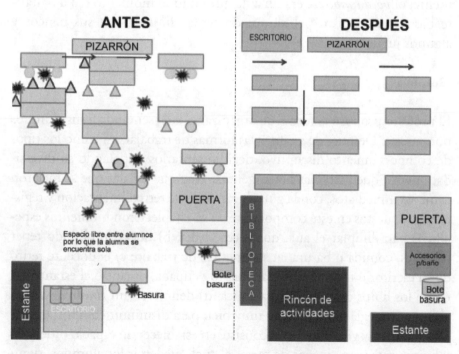

Esquema 1. Muestra el antes y el después en la organización física de un aula de tercer grado, en cuyo ambiente se vivía violencia escolar y bullying.

una vez que el profesor se da cuenta de los cambios físicos que puede hacer para mejorar el clima escolar. El psicólogo educativo ayuda a hacer las transformaciones, después de una serie de retroalimentaciones obtenidas de algunos registros de observación.

Antes

Muestra un aula que inmediatamente muestra a) *exclusión,* pues hay tres niños detrás de la puerta que se encuentran excluidos del resto de los alumnos y siete dan la espalda al pizarrón por lo que, automáticamente, quedan fuera del alcance de las explicaciones del profesor; b) *desorden,* ya que el escritorio del maestro tiene torres de libros; el alumnado está sentado de forma desorganizada: algunos en pareja, otros en grupo de cinco alumnos y algunos que se encuentran solos. Escribir en el pizarrón era difícil, ya que había poco espacio entre bancas y pizarrón; el profesor tenía los artículos de baño en un lugar poco accesible e, incluso, el papel lo tenía en su *locker,* por lo que los alumnos lo interrumpían constantemente; c) *poca limpieza:* era un aula que en todo momento tenía bastante basura en el piso y el alumnado tenía alimentos en sus bancos y algunos juguetes.

Después

El profesor propuso la forma de organizar el aula sentando a sus alumnos por parejas. Después de analizar las formas de trabajar, así como los tipos de comportamiento disruptivo, decidió sentarlos respetando su diversidad, por lo que hizo filas heterogéneas. Hay que señalar que se hicieron cambios inmediatos, con la guía de las hojas de retroalimentación y registros, propuestos en este componente: a) se establecieron momentos específicos para limpiar el aula dos veces al día; b) quedó prohibido tener juguetes, comida o basura en sus mesitas de trabajo; c) el docente retiró de su escritorio todo el material que no ocupaba, organizó el estante, así como los libros de la biblioteca áulica. d) definieron un *rincón de actividades* –estrategia que funciona muy bien para disminuir comportamiento disruptivo y violento–, que consiste en establecer un espacio ordenado y limpio que tenga juegos de mesa, al cual pueden ir los alumnos, siempre y cuando hayan culminado su trabajo académico.

El rincón de actividades funciona así: el alumno termina su trabajo académico, levanta la mano para que lo califiquen o le retroalimenten; si el maestro considera que ya ha terminado el trabajo, entonces el alumno puede ir libremente al rincón de actividades y elegir un juego o sumarse a un equipo que ya esté jugando. En el rincón no se permite ningún tipo de conducta disruptiva o violenta y el alumno que caiga en ella, pierde el privilegio en ese momento. El rincón de actividades se abandona en cuanto se da la indicación.

Esquema 2. Aula de cuarto grado con episodios de violencia escolar y bullying. Se puede ver gráficamente el antes y el después de implementar el componente: Orden y limpieza.

Antes

El esquema 2 muestra visualmente: a) *exclusión*, donde vemos tres alumnos sentados solos; hay nueve sentados de costado al pizarrón, por lo que no ven lo anotado en él; hay una espacio amplio entre unos alumnos y otro alumna que se encuentra sola, por lo que la alumna está siendo excluida por el profesor; b) *desorden,* ya que dos alumnos miran a la pared y de costado al pizarrón; el escritorio del docente se encuentra lejano al contacto del alumnado; tampoco hay un lugar específico para localizar los accesorios de higiene y la ficha del baño la tiene el maestro, por lo que la interrumpen constantemente. El espacio para caminar entre el pizarrón y las bancas era mínimo; y c) *poca limpieza,* el aula está sucia, el alumnado no tiene el hábito de pararse para ir a tirar la basura.

Después

El profesor, con la guía de los registros: a) decidió organizar el mobiliario en herradura para incluir a todos los alumnos y se dio cuenta que así dispuestos necesitaría menos mesitas de trabajo; b) colocó el bote de basura en un lugar de fácil acceso para el alumnado; c) dejó pasillos libres para poder monitorear a sus alumnos; d) el acceso al pizarrón estuvo disponible para todos; e) los accesorios de baño se colocaron cerca de la puerta para no interrumpir a ningún alumno o al profesor; f) se especificaron mo-

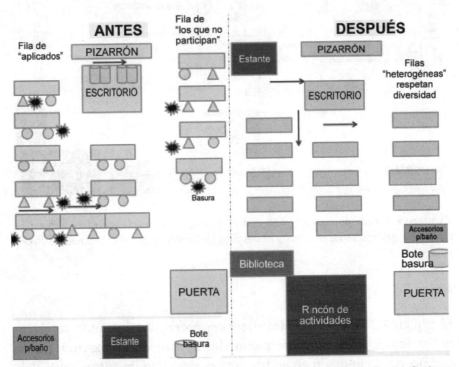

Esquema 3. Muestra gráfica del antes y después de aplicar el componente Orden y limpieza, en un aula de sexto grado que presentaba violencia escolar y bullying.

mentos para cooperar y mantener limpia su aula; g) se definió el rincón de actividades para quien quería moverse, o el alumno podía elegir un libro de la biblioteca áulica y leerlo en su lugar, una vez terminado su trabajo académico y mientras esperaba a que otros terminaran.

1.1. Registro de orden y limpieza	
Este instrumento le permitirá identificar al profesorado posibles modificaciones. Durante la observación, registre las siguientes afirmaciones contestando si se presentan o no durante la jornada escolar	Sí
• Todos los alumnos tienen acceso al pizarrón, pueden leer sin obstáculos, como lo puede ser un pilar, una puerta, una ventana abierta, u otro compañero más alto que le impida la visibilidad.	☐
• Los alumnos tienen su vista frente el pizarrón, ninguno queda de espaldas o de costado.	☐
• Se discrimina al alumnado estableciendo "filas de burros", de los que no trabajan y de los aplicados. Se sienta hasta atrás y solo al niño que no quiere trabajar o que tiene conflictos en casa.	☐
• Las filas del aula están delimitadas de tal manera que el profesor puede caminar entre el alumnado.	☐
• Los artículos para ir al baño son de difícil acceso, porque el papel está guardado bajo llave, el jabón en el escritorio del profesor, la toalla en otro *locker* y la ficha para ir al baño está justo encima del asiento de un alumno al que interrumpen 40 veces al día para colgar y descolgar la ficha.	☐
• Material como cuerdas, pelotas, entre otros materiales se encuentran a la mano del alumnado, de tal manera que pueden tomarlo para jugar en el aula sin la autorización del profesor.	☐
• El aula es sucia, hay basura tirada entre las filas y debajo de los asientos.	☐
• Los cartelones informativos para el alumnado que está pegado en las paredes, están rotos y no muestran información actualizada.	☐
• El escritorio del profesor está lleno de papeles, libros, etcétera.	☐
• El aula es oscura o tiene cortinas que no permiten que entre luz natural.	☐
• El salón tiene poca ventilación y el alumnado no puede oxigenarse durante las clases para mantenerse alerta y despierto.	☐
• El bote de basura se encuentra alejado de los alumnos e interrumpen para ir a sacar punta.	☐
• El alumnado entra y sale del aula sin empujones, sin gritar o sin correr.	☐
• El profesor indica claramente al alumnado el material que necesita para la actividad a seguir.	☐

• Se asegura el docente de que todos tengan en su mesa el material que solicitó para trabajar.	❑
• El profesor planea su clase y determina con precisión la actividad y los materiales a utilizar, así como el tiempo requerido para culminar.	❑
• El maestro deja pasar más de cinco minutos al grupo sin actividad, porque cuando terminan una, apenas piensa en la que sigue, posibilitando que comience la conducta disruptiva y agresiva.	❑

El Registro 1.1. permitirá al psicólogo educativo, profesor o maestro de apoyo educativo, tener información de las posibles barreras áulicas que enfrentan los niños, afectando su proceso de aprendizaje. Gracias al registro se pueden sugerir alternativas de cambios físicos en el aula.

Se propone:

- Que el profesor tenga dos o tres momentos durante la jornada escolar –uno de ellos puede ser dos minutos antes de salir al recreo–, en los que solicite al alumnado que recoja la basura que haya tirado, que esté debajo de su lugar o en el tramo de pasillo que le corresponde.
- Que haga los cambios físicos necesarios para que todos sus alumnos tengan acceso visual al pizarrón, y que no quede ningún alumno excluido; quitar filas de "burros"; e integrar a los alumnos que aislaron del resto del grupo porque no se encuentran motivados para hace el trabajo académico.
- Que haga una limpieza de su escritorio y quite cosas que no usa normalmente o que ya no le sirven; que elimine las torres de libros y guarde los juguetes o pertenencias que recoge a los alumnos.
- Que las filas estén alineadas y sin suéteres que impidan la visibilidad de la parte de atrás del aula escolar, sobre todo en quinto, sexto de primaria y secundaria.
- Que el bote de basura y aditamentos del baño se encuentren en un lugar de fácil acceso para todos los alumnos.
- Que se normen las idas al baño, que el alumnado pueda salir sin interrumpir la clase, teniendo un tiempo considerable, monitoreando que no se tarden diez, 15 o más minutos en el baño. Procurar que los artículos de baño estén a la mano para no interrumpir la clase.
- Que las filas en el aula o la organización del mobiliario le permitan caminar entre los alumnos.

- Que el estante tenga orden y limpieza.
- Que planee la clase, para evitar que el alumnado se quede con tiempos muertos entre actividad y actividad, pues se ha identificado que eso facilita la aparición de conducta disruptiva y agresiva. Una alumna víctima/bully, expresa que "cuando la maestra no sabe qué ponernos de trabajo, entonces tenemos tiempo para hacer lo que queramos; cuando pasa esto, ya sabemos que podemos jugar, incluso, nos vamos hasta atrás del salón y ahí no nos ve". Esto lo confiesan tanto alumnos de escuelas públicas como de algunas privadas.
- Que ponga en práctica el uso de la caja de sorpresa, con el objetivo de disminuir la probabilidad de robos y ofrecer al alumnado una oportunidad para regresar los objetos que no son de ellos. Para poner a funcionar la caja de sorpresa, se sugiere: a) informar al alumnado que cada vez que encuentren un objeto lo devuelvan en caso de saber de quién es; y si no saben, deben ponerlo en la caja de sorpresa —que será una caja de colores, y adornada con figuras llamativas—, sin interrumpir la clase y después anotarse en el registro que permitirá llevar un récord cotidiano de los objetos encontrados.

1.2. Registro de la caja de sorpresa	
Nombre del alumno	Objeto encontrado
1. Rocío Carmona L.	1. Sacapuntas en forma de gato color amarillo

Se sugiere entregar un diploma semanal únicamente a uno de los alumnos anotados en la hoja —como una representación a la honestidad del grupo—, no entregarles a todos, con el objetivo de que el alumnado adquiera el hábito de regresar los objetos que no son de ellos. La entrega de los diplomas se puede ir desvaneciendo, poco a poco, una vez que se observe que el hábito está establecido entre el alumnado.

SEGUIMIENTO DE LA PUESTA EN PRÁCTICA DE LAS ESTRATEGIAS

Una vez que se hayan realizado los cambios necesarios, es conveniente usar dos registros de observación que permitirán monitorear: a) el orden y la limpieza del aula (Registro 1.3.); b) las conductas disruptivas presentes durante la jornada escolar (Registro 1.4.). Este último registro debe completarse antes de poner en práctica el segundo componente, con la finalidad de hacer una comparación del antes y el después, para conocer los cambios en la frecuencia de la conducta disruptiva, violenta o incluso de bullying dentro del aula.

Los registros pueden ser llenados por el psicólogo educativo o por algún maestro de apoyo y por el propio profesor.

CASO 15
PONIENDO EN PRÁCTICA: *MI AULA ORDENADA*

La profesora Irma, de segundo grado de primaria, no entendía porque sus alumnos no terminaban el trabajo académico o porque jugaban en su presencia y hasta se pegaban e insultaban. El *Registro 1.3.* le permitió identificar que no todos los alumnos podían ver el pizarrón: uno de ellos quedaba de espaldas; otro estaba totalmente excluido, alejado de los demás compañeros por lo menos cinco metros; también había cuatro alumnos sentados en la misma mesa y otro tenía al lado de su cabeza el clavo en el cual se ponía la ficha para ir al baño, por lo que lo molestaban todo el día. La profesora no podía monitorear a sus alumnos ya que no podía caminar entre las filas pues los pasillos estaban totalmente clausurados por las mochilas.

Cuando la maestra daba una instrucción para comenzar un trabajo académico, muy pocos alumnos sacaban el material para comenzar a trabajar. Al parecer no daba con claridad las instrucciones del trabajo por lo que los pocos que sacaban el material se distraían rápidamente porque no comprendían lo que tenían que hacer. Mientras tanto, más de la mitad del grupo ni siquiera tenían su material, por lo que encontraban otra actividad como: jugar, pegarse, dibujar, conversar. El uso del *Registro 1.3.* le dio una retroalimentación de los cambios que tenía que hacer en su práctica como docente.

1.3. Registro diario de orden y limpieza

Nombre del profesor: _____ Grado: _____ Fecha: _____

Observar durante tres días los siguientes aspectos de orden
y limpieza en el aula escolar.

	Lunes	Martes	Miércoles
• Todos los alumnos tienen acceso visual al pizarrón.	☐	☐	☐
• Filas de "burros", de aplicados y se aisla al que se porta mal o no trabaja.	☐	☐	☐
• Pasillos libres de objetos.	☐	☐	☐
• Filas alineadas y pasillos libres de objetos.	☐	☐	☐
• Salida al recreo sin empujones, gritos y/o corriendo.	☐	☐	☐
• Entrada al aula sin empujones, gritos y/o corriendo.	☐	☐	☐
• Artículos de higiene para ir al baño, colocados en un lugar de fácil acceso y cercanos uno del otro.	☐	☐	☐
• La profesora da instrucciones claras, como: "saquen el cuaderno de Español, el que tiene el forro rojo, y pluma de tinta negra y roja.	☐	☐	☐
• Escritorio que tenga sólo lo necesario para el profesorado.	☐	☐	☐
• Bote de basura de fácil acceso y en un lugar visible para el profesor.	☐	☐	☐
• Piso libre de basura.	☐	☐	☐
• Aula ventilada e iluminada.	☐	☐	☐
• Material como cuerdas para saltar o pelotas que no estén a la mano del alumnado.	☐	☐	☐
• Los cartelones pegados en las paredes del aula están rotos, maltratados o tienen información poco actualizada.	☐	☐	☐
• El profesor deja más de cinco minutos "sin hacer nada" al alumnado, por lo que comienza la conducta disruptiva.	☐	☐	☐

1.4. Registro diario de conductas disruptivas			
Con el siguiente registro observar tres días, durante 15 minutos, las conductas que se presentan en el aula.			
Nombre del profesor: _____ Grado: _____ Fecha: _____			
Conducta disruptiva	Lunes	Martes	Viernes
Motriz • Andar fuera de su lugar, desplazar la silla, subirse a la silla o mesa; cambiarse de lugar sin permiso.	❏	❏	❏
Ruidosa • Hacer sonidos con el lápiz, con el pie o con la mano; eructar, gritar, cantar, silbar, burlarse o llorar.	❏	❏	❏
Verbal • Conversar con otros, enseñar juguetes, interrumpir con preguntas fuera de tema.	❏	❏	❏
Comportamiento agresivo • Poner apodos, pegar, insultar, romper objetos, morder, empujar, amenazar, pellizcar, arrebatar, tocar los genitales de otros, etcétera.	❏	❏	❏

SEGUNDA ESTRATEGIA
YO RESPETO: CÓDIGO ESCOLAR

COMPETENCIAS

- Competencias para el manejo de situaciones
- Competencias para la convivencia
- Competencias para la vida en sociedad

OBJETIVO

El principal propósito del desarrollo del código de conducta es enseñar al alumno a tomar decisiones, autocontrolarse, hacerse responsable de sus actos y a convivir respetando el derecho de los otros, nunca con el objetivo de castigar o lastimar a quien se reprende.

Características

- UNIVERSAL. Todos, sin excepción, se rigen bajo el mismo reglamento. El alumnado deberá aprender que, sin importar el grado que atienda, cualquier profesor puede sancionar su conducta o le invitará para que dé una respuesta alterna a su mal comportamiento.
- CONSISTENTE. Se deberá cumplir durante toda la jornada escolar y, siempre que se rompa una regla, habrá consecuencias, lo que ayudará a que el niño aprenda a hacer una conexión entre su comportamiento y los resultados.
- INCLUSIVO. Participa toda la comunidad educativa en su construcción (profesorado, directivos, USAER y alumnado).

En el contexto escolar se hace necesario el establecimiento de un código de conducta universal, que permita desarrollar un ambiente de inclusión y seguridad en todo el plantel escolar.

La puesta en práctica de esta estrategia busca la construcción de un ambiente escolar libre de violencia, que permita que las clases se desarrollen en un ambiente de respeto mutuo tanto entre pares como entre alumnado y profesorado. Poder realizar actividades de ocio en un entorno seguro y que, finalmente, los sanitarios sean un espacio privado, en donde se salvaguarde la integridad del alumnado.

Acciones

1. Establecer, en colegiado, un código escolar en las juntas del Consejo Técnico, teniendo como participantes al profesorado, a directivos y personal de USAER o psicólogo educativo.
2. Elaborar en cada grupo escolar el código escolar, con base en la guía del código escolar desarrollada en colegiado.
3. Convocar a una asamblea para invitar al alumnado a que participe en la construcción.
4. Informar al alumnado que el monitoreo será cotidiano y en todo momento se velará por el cumplimiento de las normas.
5. Establecer las sanciones aplicables por romper algunas de las reglas establecidas.

6. Monitorear la puesta en práctica del código escolar. El personal de USAER monitoreará cotidianamente –en diversas aulas o el patio escolar–, el cumplimiento del código escolar, retroalimentando al profesorado en caso de no brindar la respuesta alterna a conductas disruptivas o agresivas. Y se aplicará la sanción al alumno que muestre agresión.

DESARROLLO DE LAS ACCIONES

1. CONSTRUCCIÓN DEL CÓDIGO ESCOLAR EN COLEGIADO

Para el desarrollo del código de conducta escolar, es necesario que se decidan en colegiado los ejes rectores del código, por lo que se hacen necesarias la participación y aportación de todos los profesores.

El objetivo de esta primera tarea, es consolidar un eje que regule el reglamento para toda la escuela, permitirá que el alumnado se rija bajo un mismo lenguaje. Tener un código universal, permitirá la existencia de consistencia, lo que ayudará a que el niño aprenda a hacer una conexión entre su comportamiento y los costos que tiene su comportamiento.

Durante la junta técnica se tendrá como objetivo definir no más de diez conductas, que regirán el código conductual escolar.

Paso 1. *Reflexión individual*

En forma individual, se solicita al profesorado que identifique y que conteste la hoja de Registro 2.1.

Hoja de actividad 2.1. Código escolar, para respuesta individual	
Escuela Primaria _____ Nombre: _____ Grado que guía: _____ Fecha: _____	
1. Nombrar tres conductas relacionadas con lo académico y que detengan la clase. No se consideran mala conducta pero son disruptivas. Ejemplo: solicitar nuevamente la explicación del tema.	1. _____ 2. _____ 3. _____

2. Nombrar tres conductas disruptivas que constantemente interrumpen la clase, como levantarse constantemente de lugar, pegar con la pluma en la banca, comer, ir al baño muchas veces*, entre otras.	1. _____ 2. _____ 3. _____
3. Nombrar cinco conductas consideradas malas y que el alumnado realiza frecuentemente en clase, como pegar, retar al profesor, empujar.	1. _____ 2. _____ 3. _____ 4. _____ 5. _____
4.Nombrar cinco conductas prosociales que me gustaría que el alumnado tuviera durante la clase, como levantar la mano para participar sin gritar; sacar el material para trabajar, etcétera.	1. _____ 2. _____ 3. _____ 4. _____ 5. _____
Observaciones	
*Monitorear las salidas al baño.	

Existen alumnos que piden ir al baño con el único objetivo de salirse del aula y de esta manera evitar las clases que no les gustan, o evitar que el profesorado le pregunte sobre una tarea que no hizo o sobre un tema determinado. En aulas en las que existe violencia escolar y/o bullying, es una conducta que he observado que se manifiesta constantemente, sin que el profesorado se dé cuenta o haga algo.

El profesorado, está capacitado en la detección de este tipo de pretextos, pero el principal reto es el "darse cuenta" y, posteriormente, enseñar al alumnado a enfrentar situaciones que le provocan angustia, mediante habilidades de comunicación asertiva, expresando sinceramente que no entienden un tema determinado o por lo que no hicieron la tarea.

Paso 2. *Plenaria y decisión en colegiado*

El profesorado, directivo, psicólogo educativo y todos los participantes, exponen en plenaria lo que tienen anotado en su hoja de actividad individual 2.1. El psicólogo educativo registra en el pizarrón las conductas mencionadas. Una vez que todos han dado sus respuestas, se guía al profesorado para que en colegiado elijan las conductas que más se repiten y se llenan los cinco puntos de la hoja de actividad de Registro grupal 2.2. Esta dinámica ayuda a tener mayor cohesión en el grupo de profesorado, ya que normalmente observan que comparten dificultades similares para guiar la clase.

Hoja de actividad 2.2. Código escolar, para respuesta grupal	
Escuela Primaria _____	
Nombre: _____ Grado: _____ Fecha: _____	
• Nombrar las cinco conductas que más se repiten y que constantemente detienen la clase.	1._____ 2._____ 3 _____ 4._____ 5._____
• Nombrar las tres conductas disruptivas que más se repiten.	1._____ 2._____ 3._____
• Nombrar las cinco conductas que más se presentan en el aula escolar (consideradas: "mala conducta").	1._____ 2._____ 3._____ 4._____ 5._____
• Nombrar las cinco conductas pro sociales que les gustaría que el alumnado mostrara durante clase.	1._____ 2._____ 3._____ 4._____ 5._____
• A partir de las conductas mencionadas de la sección 1 a la 3, comenzar a construir las conductas que se anotarán en el código escolar.	1._____ 2._____ 3._____ 4._____ 5._____ 6._____ 7._____ 8._____ 9._____ 10._____

Paso 3. *Conducta alterna a la conducta disruptiva o agresiva*

Para desarrollar esta actividad se sugiere que el profesorado se reúna en parejas para trabajar, y haga uso de las hojas de actividad 2.3 y 2.4.

El profesorado en colegiado, así identifica y propone la conducta alterna que pueden establecer, con la finalidad de desarrollar en el alumnado competencias para la vida, en el día a día y durante la jornada escolar.

Estas actitudes deben ser propuestas por el profesor para que los alumnos las usen en lugar de las conductas que impiden dar clase. La conducta alterna es una estrategia que ha sido empelada con éxito para enseñar al alumnado una conducta que puede usar en vez de: arrebatar, insultar, pegar, entre muchas otras.

Esta estrategia deberá ser usada en todo momento por el profesorado, con la finalidad de que el alumnado aprenda competencias que le permitan convivir en un ambiente de respeto mutuo.

CASO 16
PROFESOR DE QUINTO GRADO CON PROBLEMAS EN EL AULA

El profesor se queja constantemente de que sus alumnos gritan, se pegan, no trabajan y no le permiten terminar la clase, por lo que se propone comenzar con la conducta alterna para evitar gritar para participar, pegar o empujar; empezando por Javier que grita para participar, por lo que el maestro detiene la clase y ofrece la conducta alterna: le pide a los alumnos que guarden silencio, levanten la mano para participar y que compartan una vez que les hayan dado la palabra.

Si esto se hace consistentemente durante la jornada escolar y durante una semana, el alumnado aprenderá rápidamente que deberá levantar la mano sin gritar, es decir, se establece un hábito.

Hoja de actividad 2.3. Respuesta alterna a la conducta de maltratar		
Conducta inaceptable	Conducta y función de la conducta	El profesor enseña una conducta pro social que sustituya su conducta inaceptable
Pegar	Un niño le pega a otro para entrar a un juego.	El profesor detiene el juego, le solicita al niño que pegó que mire a los ojos, que ofrezca una disculpa y el profesor supervisa que el niño exprese a sus compañeros: "¿Me dejan jugar con ustedes?, voy a respetar las reglas del juego".
Empujar	Un niño empuja a otro para quitarle un objeto.	El niño que empujó ofrece una disculpa, regresa el objeto y el profesor supervisa que el niño agresor diga: "¿Me prestas por favor tu goma?"
Arrebatar y quitar turno agresivamente	Un niño arrebata una pelota y empujando a otro, le quita su turno para ganar en una actividad de Educación Física.	El profesor detiene el juego. El niño que rompe la regla regresa la pelota, ofrece una disculpa, y el profesor supervisa que el niño regrese a su lugar, le quita un turno como consecuencia. Enseguida, le solicita que respire tranquilamente, mientras espera su turno para participar nuevamente.

Se sugiere que el profesorado realice la actividad en parejas, y que proporcionen las "respuestas alternas" que permitirán que el alumno aprenda otro comportamiento alterno a la agresión.

Paso 4. *Elección de diez conductas prosociales*

Una vez que construyeron en colegiado las conductas alternas, en individual se eligen como máximo diez conductas prosociales que les gustaría que el alumnado mostrará durante la clase, para después escoger, en plenaria, las conductas más votadas.

Conviene destacar que estas conductas deberán ser la contraparte de las conductas disruptivas y agresivas que se anotaron en la hoja de Registro 2.2. Estas actitudes positivas formarán parte del código de conducta y se irán anotando en la hoja de trabajo 2.5. Esta hoja se tomará como guía para construir el código con el alumnado.

Hoja de actividad 2.4. Conductas alternas		
Escuela primaria _____		
Nombre: _____ Grado: _____ Fecha: _____		
Conducta disruptiva	Conducta alterna a plantear en el momento	Agente de cambio
1. Arrebata	Devolver lo que arrebató Mirar a los ojos Ofrecer disculpa Pedir prestado y por favor	El profesorado, directivo, otros
2. Conversa constantemente		
3. Hace ruidos		
4. Pega		
5. Tira basura		
6. Otra		
7. Otra		

El profesorado se hará responsable de que el código de conducta opere todo el tiempo y de que, en caso de que algún alumno rompa una regla, se podrán tener dos opciones: que el alumno use la conducta alterna o que se haga acreedor a una sanción.

Para construir las reglas en el patio escolar y comedor —en caso de tener uno en la escuela—, se sugiere seguir el mismo procedimiento.

Por ejemplo:

• Nombra cinco conductas que frecuentemente presenta el alumnado rompiendo con la armonía del recreo.
• Nombra tres, consideradas como mala conducta, que se presentan frecuentemente en el recreo.
• Nombra las tres conductas por las que se castiga más al alumnado.

- Nombra cinco conductas que te gustaría que el alumnado tuviera constantemente durante el recreo, como tirar la basura en los botes.
- Nombra tres conductas que algunos profesores consideran que no tienen nada de malo, mientras que otros profesores consideran que no son adecuadas para el recreo, como correr durante el recreo.

Cada nivel educativo, dependiendo de la etapa de desarrollo, tendrá conductas características que se presenten constantemente en el aula escolar. Por ejemplo, en preescolar, son frecuentes los berrinches y los pequeños resuelven sus conflictos pegando, rasguñando o mordiendo; en primaria, el alumnado interrumpe la clase con sus constantes pláticas con los compañeros, se pasean por el aula o salen continuamente del salón. En secundaria lo común es lanzar bolitas de papel, burlarse o "traer de bajada" a algún compañero; mientras que en el nivel bachillerato, es frecuente hacer la tarea de otras clases, ignorar al profesor o usar toda clase de tecnología para otras actividades que no corresponden a esa materia.

Hoja de actividad 2.5.		
Normativa	Costo o consecuencia	Conducta prosocial que se pretende enseñar con la consecuencia o costo
1.		
2.		
3.		
4.		
5.		
6.		
7.		
8.		
9.		
10.		

¿Qué sucede cuando se rompen las reglas?
Costos y consecuencias

Para lograr cambiar la conducta del alumnado y disminuir los episodios de agresión dentro del aula escolar, se deberá hacer un seguimiento cotidiano y en todo momento de la operación del código escolar y, en caso de romper alguna regla, el alumno deberá tener una sanción o costo, aplicados consistente e inmediatamente.

Las consecuencias por romper la regla, nunca deberá ser entendida como sinónimo de maltrato. El incumplimiento de una norma no podrá derivar en ningún tipo de maltrato psicológico, físico, verbal, o de exclusión, etcétera.

Si una profesora de preescolar que le grita a su alumno cuando muerde a otro: "¡No te soporto! ¡No se qué voy a hacer contigo! ¿Estás tonto?", y con estas expresiones cree que le está enseñando a su alumno a no morder, pero en realidad, el niño no está entendiendo la conexión entre su conducta de morder y el daño que causa a su compañero.

Hay que recordar, que al establecer una consecuencia por el rompimiento de una regla, se deberá sancionar la conducta, nunca a la persona. El castigo por sí mismo no cambia la conducta, por lo que se tiene que enseñar al niño la conducta prosocial que se desea establecer; es decir, si un niño le pega a otro porque no le dejaron participar en un juego, lo que se recomienda es enseñarle habilidades de comunicación asertiva para expresar lo que siente, si piensa que es tratado injustamente por sus compañeros. Este tipo de apoyo, en compañía de una consecuencia, ayudará a que el niño aprenda a resolver problemas cotidianos sin agresión.

Lo que se desea establecer con el costo a la conducta del alumno, es educar y cumplir con una de las funciones de la escuela: la socialización.

La siguiente es una lista de correctivos que algunos profesores aplican y que, lejos de educar, promueven la injusticia y el resentimiento en los niños; por lo tanto no son consecuencias o costos que permitan reducir la conducta no deseada en el aula escolar:

- Pedirles que hagan "planas".
- Darles o quitarles algún tipo de comida "chatarra".

- Amenazarles gritando.
- Quitarles toda la clase de Educación Física.
- Enviarlos a un rincón para que trabajen solos todo la jornada escolar.
- Remitirlos castigados al salón de la maestra gruñona de la escuela.
- Mandarlos a la dirección y tenerlos ahí, sentados, sin moverse.
- Exigirles que repitan las tareas.
- Ridiculizarlos frente a los compañeros.
- Castigarlos física o verbalmente, o excluirlos de las actividades escolares.
- Considerar que es más rápido y fácil, expulsarlos de la escuela, en lugar de ayudar a que modifique su conducta.

Se sugiere evitar por completo ese tipo de castigos, ya que se ha comprobado que no ayudan a que la conducta no deseada disminuya. La finalidad de las consecuencias aquí propuestas, es brindar al alumno la oportunidad de aprender a tomar decisiones, saber elegir entre romper una regla y no romperla, y la toma de esa decisión se logra cuando el alumno sabe que cuando la rompa, invariablemente tendrá un costo mayor al beneficio que obtenga por quebrantarla. Por ejemplo, si un alumno molesta constantemente a otro y la maestra lo obliga a ofrecer una disculpa pública –ya que las agresiones se hacen en público–, envía el mensaje a los demás de que en el aula hay justicia y que se da cuenta de lo que pasa; así, aplica una consecuencia y además ofrece a todos los alumnos protegerlos de otro que quiera hacerles daño. El descubrir a los agresores y ventilar lo que está pasando con todo el grupo, en asambleas escolares, ayuda para proteger a las víctimas.

Las consecuencias buscan que el alumno se haga responsable de su comportamiento, aceptando el costo de sus acciones. Las sanciones deberán promover un comportamiento prosocial que ayude a otros. El profesor puede hacer uso del siguiente formato para guiar las consecuencias que pueden plantearse al alumnado.

Consecuencia	Comportamiento prosocial
Gritar para participar	Levantar la mano para expresarse
Pegar	Expresar que no le gusta que no le inviten a jugar (comunicación asertiva)
Otra conducta	A desarrollar por el profesorado

Ejemplos de consecuencias que pueden llevarse en el aula escolar

Preescolar

Con niños preescolares, debido a la etapa de desarrollo en la que se encuentran, las consecuencias siempre deberán ser inmediatas, concretas y de corta duración; por ejemplo, perder un turno en el juego –no sacarlo del juego–, o no darle lo que quiere cuando lo pide llorando.

Primaria

Solicitar al alumno que levante lo que tiró o que limpie lo que ensució. Si insulta durante un juego de mesa, el alumno ofrece una disculpa y pierde un turno –nunca todo el juego–; otra consecuencia podría ser perder un privilegio escolar por un día, no por toda la semana porque eso haría que perdiera interés.

Secundaria

Imponer al estudiante una actividad que generalmente no les gusta realizar; por ejemplo, exponer un tema ante la clase, lo que implica investigar de manera individual. Conviene destacar que debido a que se trata de una consecuencia a una acción no deseada, no debe ser una exposición que forme parte de la calificación del alumno, sino una actividad extra, por lo que deberá investigar y tomar alguna tutoría con el profesor, con el objetivo de que también le represente una experiencia de aprendizaje.

Bachillerato

A los bachilleres, por no llegar a tiempo a la clase, se le permitirá ingresar al aula, pero no se le tomará asistencia.

Requisitos para la efectividad de las consecuencias x

¿Siempre aplico consecuencias?

A continuación se brinda una breve guía para el uso de consecuencias.

¿Cuándo aplicar consecuencias o reparación del daño o respuesta alterna?		
Técnica para enseñar la competencia	Conducta del alumno	Ejemplo/Características
Respuesta alterna	Empujar, burlarse; poner apodos a los demás; arrebatar; gritar para participar; no pedir por favor y tampoco decir gracias; colocar la mochila fuera de su lugar; levantarse sin permiso, conversar	Cuando arrebata, solicitar que mire a los ojos, devuelva lo que arrebató y ofrezca una disculpa. Pedirle lo que arrebató: "¿Me lo prestas, por favor?"
Castigo	Pegar, insultar, romper objetos, amenazar; retar a figuras de autoridad; lastimar en forma verbal o física; robar; negarse a ofrecer disculpas	Inmediato Consistente De corta duración Consecuencia congruente con la regla rota
Reparación del daño	Destruir objetos; robar; lastimar el cuerpo de alguna persona; tirar o empujar; dañar o romper el objeto que le prestaron	Para que sea efectivo, el alumno deberá cubrir con su propio dinero el costo de lo que dañó (el aprendizaje no es eficaz cuando se hace con el dinero de los padres)

Consistencia. Cada vez que se rompa una regla deberá haber una consecuencia.

Inmediatez (contingencia). Cuando se rompa una regla se deberá imponer la consecuencia de manera inmediata; es decir, se deberá evitar dejar pasar más una hora entre el incumplimiento de la norma y la sanción. Esto impide que los niños que exhiben comportamiento agresivo, disruptivo o que no siguen reglas, lo hagan a lo largo de una jornada escolar.

Respuesta alterna. Al momento de imponer un costo se tiene que indicar cuál es la conducta correcta. Por ejemplo:

Berenice, alumna de segundo grado, quiere participar porque conoce la respuesta a la pregunta de la profesora y se apresura a contestar gritando la respuesta. La profesora la detiene y le pregunta: "¿Berenice, que tienes que hacer si quieres participar?" Berenice responde:" levantar la mano y esperar a que me dé la palabra". La maestra, en ese momento, le solicita que pida una disculpa y realice la conducta establecida para participar.

Cuando un niño le pega a otro, es necesario averiguar la función que tuvo pegar; por ejemplo, entrar a un juego, expresar su enojo, quitar un objeto que quería tener; con el objetivo de enseñarle a solucionar conflictos sin agresión a través de una conducta prosocial.

CONSECUENCIA PROPORCIONAL AL ROMPIMIENTO DE LA REGLA. La consecuencia debe tener un nivel de gravedad proporcional a la regla rota. Por ejemplo: si un alumno, durante un juego, al tomar su turno lo hace gritando e interrumpe a la profesora u otros compañeros, la consecuencia puede ser que pierda únicamente ese turno, no sacarlo del juego, pues provocaría desmotivación y elevaría la probabilidad de que se porte mal.

RELACIÓN CALIDAD ENTRE PROFESOR Y ALUMNO. El establecimiento del reglamento escolar no funcionará si el profesor maltrata al alumnado, ya que se rompería la comunicación entre ellos y el alumno no confiaría en el profesor y tampoco tendría interés en seguir sus instrucciones.

El establecimiento del reglamento escolar, implica que lo observen tanto alumnos como profesores; por ejemplo, si una regla es no comer dentro del aula escolar y después del recreo el profesor ingresa con alimentos, los come ahí antes de dar la clase, es claro que su conducta estará deteriorando el respeto y confianza entre él y su alumnado.

¿CÓMO Y QUIÉN ELIGE LAS CONSECUENCIAS? Las consecuencias deberán ser elegidas por todos los niños en compañía del profesorado, y su efectividad dependerá del valor que el costo tenga para el alumnado; es decir, mientras más valorada sea la consecuencia que se recibe por romper una norma, menor será la probabilidad de que el niño la rompa. Como consecuencia podrá elegirse alguna actividad que sea desagradable para el alumno y que, sin embargo, le ayudan al mejoramiento de su proceso de enseñanza-aprendizaje, como leer en voz alta por un tiempo determinado.

Será de gran utilidad que los niños decidan las actividades que no les gustan y que pueden desarrollar como castigos cuando se rompe una regla. Por ejemplo, regar un rato las jardineras, en caso de haber desperdiciado el agua. No será por un tiempo mayor a 10 minutos, sin perjudicar el tiempo de clase.

2. CONSTRUCCIÓN DE REGLAS CON EL ALUMNADO

Para que el código de conducta cumpla con la universalidad esperada, se requiere que el profesorado y alumnado participe en su diseño. El código debe adecuarse al contexto escolar, con el objetivo de que todos los miembros de la comunidad educativa –padres, profesorado, alumnado, administrativos, entre otros– conozcan su construcción para garantizar su cumplimiento. Con el alumnado se puede usar una asamblea escolar para su participación en la elaboración de la normativa, con base en la guía del código escolar desarrollada en colegiado con el profesorado.

Se sugiere que el código de conducta cumpla con los siguientes requisitos:

- Su desarrollo se hace con la participación de toda la comunidad educativa.
- Que el código de conducta se diseñe a partir de ambiente de legalidad y de democracia, donde el profesorado es únicamente una guía que promueve la participación activa del alumnado.
- Las normas que el profesorado construyó en colegiado, serán el eje rector del código que se construirá en el aula escolar.
- Las reglas que se establezcan deberán ser portadoras de valores: amistad, equidad, generosidad, honestidad, justicia, respeto, tolerancia, etcétera.
- Unificar patrones de comportamiento.
- Se evitará poner al profesorado como una figura autoritaria, que goce de beneficios que permitan romper las reglas.
- Cada punto deberá ser claro, concreto y redactado en frases cortas.

- El número de reglas redactadas deberá ser un número reducido. Para el aula se sugiere que no sean más de diez.
- Los adultos que integran la comunidad escolar deberán ser el principal modelo de cómo cumplir todas las reglas.
- El código de conducta deberá observarse cotidianamente, de forma consistente de tal manera, que cuando algún alumno no cumpla con ella invariablemente deberá aplicarse una sanción. La inconsistencia por parte del profesorado muestra al alumnado injusticia y permisibilidad a la conducta agresiva.
- Se decidirán los costos o consecuencias por romper algunas de las reglas establecidas.

Una vez consensuada la normativa y aceptada, el profesorado informará al alumnado que el monitoreo será cotidiano y que se velará con base en la guía del código escolar desarrollada en colegiado con el profesorado en todo momento su cumplimiento.

Hasta ahora, en las escuelas que he atendido debido a episodios de violencia escolar o bullying, no he encontrado a ninguna escuela que carezca de un código conductual y, a pesar de que todas lo tienen, ninguna lo aplica de manera consistente; es decir, el alumnado aprende que su comportamiento disruptivo o violento sólo a veces tiene costos.

Construir el código escolar en colegiado, permite que los profesores se escuchen, se unan y se respeten. En las juntas en las que he establecido el código en colegiado, usamos las reglas que queremos que observen los alumnos:

- Levantar la mano para participar.
- Escuchar a los compañeros y respetar las opiniones.
- Hablar en primera persona (yo creo, yo opino).
- Hablar únicamente de lo que me consta.
- No usar el teléfono frente a todos sino salir del salón.
- Ser concretos y aportar aspectos que enriquezcan el tema.

Lo hago con toda la intención de que se autoregulen y se den cuenta que las normas tienen que comenzar a respetarlas ellos mismos, y algunos comentarios son: ¡"Que difícil es levantar la mano y aguantar a que te den la palabra!"; "¡No me había dado cuenta de cuanto interrumpo cuando hablo por teléfono en las reuniones!"; " Me cuesta trabajo decir: no estoy de acuerdo, con asertividad". De esa forma, la reunión es más ordenada, existe respeto mutuo y los profesores se sienten con más confianza.

LISTA COTEJABLE 2.6. Implementación del código escolar con el alumnado		
Profesor/a: _____ Grado: _____ Fecha: _____		
	Sí	No
• El profesor fue una guía y acompañó al alumnado en la construcción de la normativa escolar.	❑	❑
• El alumnado participó activamente aportando sus ideas.	❑	❑
• Los alumnos reconocieron las conductas que constantemente interrumpen la clase.	❑	❑
• El alumnado identificó las conductas que debe mostrar para que la clase se imparta sin interrupciones.	❑	❑
• Los estudiantes participaron en una ambiente de respeto mutuo y confianza, expresando lo que pensaban, sin que otros se burlaran.	❑	❑
• Los alumnos participaron respetando turnos y solicitando la palabra.	❑	❑
• Todos entendieron que para participar hay que levantar la mano y no gritar.	❑	❑
• El alumnado comprendió la importancia de escuchar a sus compañeros sin burlarse de ellos.	❑	❑
• Quedó establecido que deben cuidar sus cosas y regresarlas cuando no les pertenezcan.	❑	❑
• Cada alumno comprendió cuáles son las groserías que no están permitidas expresar en el aula, aunque sean parte de su lenguaje cotidiano.	❑	❑
• Se estableció la posibilidad de poder, con respeto, expresar al profesor, si se siente: excluido, rechazado, no escuchado, tratado injustamente, etcétera.	❑	❑
• Acordaron tener un tiempo diario –que no pase de 10 minutos– para hablar de temas que les interesan para compartir entre ellos.	❑	❑
• La participación con temas relacionados con la clase.	❑	❑

3. Seguimiento del código escolar en el aula

La consistencia es una regla que debe cumplirse cotidianamente en el aula escolar, si se desea que los episodios de conducta disruptiva, violencia o bullying disminuyan.

A continuación se brinda un ejemplo de inconsistencias al aplicar el reglamento por parte del profesorado y sus consecuencias:

Caso 17
Aula de tercer grado en la que no se aplica el reglamento

Lunes

El alumno Juan se sale del aula 15 minutos, sin solicitar permiso a la profesora. Se da un "paseo por la escuela"; observa a los niños que en el patio escolar hacen actividad física; camina por los pasillos; se asoma por las ventanas saludando a algunos amigos de otros grados escolares, hasta que llega al baño. Durante este "paseo" ningún adulto le pregunta por qué está fuera de su salón. Al regreso de "darse su vuelta", la profesora no le dice nada; parece como si no se hubiera dado cuenta de su ausencia. Juan continúa saliendo del aula varias veces al día durante toda la semana.

Martes

Juan nuevamente se sale de aula en cuanto comienza la profesora a hacer preguntas de Matemáticas. Al salirse juega solo, recorre con sus manos las paredes de la escuela; se encuentra a un compañero, platica con él sobre una caricatura, se despide y se queda otros minutos en el patio mirando a los niños como hacen deporte, y finalmente llega al baño. Tarda 16 minutos en regresar y al entrar, la profesora grita: "¿En donde estabas?", captando la atención de todos los alumnos; algunos se tapan la boca avergonzados, otros se burlan y Juan agacha la cabeza, mientras recibe algunas amenazas: "¡pero ahora sí, ahora sí, ya verás!, te vas a ir directo a la dirección y te quedas sin recreo". El niño pasa al aula, escuchando las amenazas de la profesora. Al paso de la mañana, la profesora no lo envía a la dirección y tampoco le quita el recreo.

El caso que se acaba de describir, es un ejemplo claro de comportamiento inconsistente por parte del profesor, ya que manejó de forma diferente la misma conducta del niño en dos momentos distintos; ello provoca que el niño aprenda que puede obtener "ganancias a bajo costo", es decir, al salirse del salón se salva de una clase que no le gusta; evita que le pregunten algo que no sabe, se distrae un poco y platica con amigos y gana la atención de sus compañeros al demostrarles que puede salirse con al suya, ya que su conducta no tiene ninguna consecuencia, el costo de salirse del salón es muy bajo en comparación con todo lo que gana, ya que el profesor generalmente, no se da cuenta de que se sale y, cuando "lo llega a cachar", aunque le grita, lo amenaza, muy pocas veces le castiga.

Para implantar las reglas debe tomarse en cuenta la etapa de desarrollo del alumno, pues en preescolar, primaria y secundaria, funciona diferente el establecimiento de la norma: solicitar permiso para salir del aula escolar, en el caso de los estudiantes de bachillerato esta regla podría ser innecesaria, sobre todo, cuando se hace negociaciones con el alumnado para no usar ningún tipo localizador dentro del aula, pero pueden salir de la clase en el momento que reciban alguna llamada o cuando quieran contestar mensajes de texto. Lo que sí funciona en bachillerato, es el establecimiento del límite de tolerancia de tiempo para ingresar a la clase.

Para que el psicólogo educativo o maestro de apoyo, puedan desarrollar un monitoreo del seguimiento del código escolar, se sugiere usar los Registros 2.6. y 2.7. que permitirán brindar retroalimentación al profesorado.

Con la siguiente lista cotejable, se sugiere observar durante tres días, la puesta en práctica del código escolar. El ejemplo que se ofrece deberá adaptarse a las conductas que decidieron en colegiado.

2.6. Registro diario. Constitución escolar de la escuela primaria			
Profesor/a: _____ Grado: _____ Fecha: _____ Hora de inicio: _____ Finalización: _____			
Compromiso/Día	Día	Día	Día
• Solicitar por favor y dar las gracias.			

• Respetar turnos y levantar la mano para participar.			
• Escuchar a sus compañeros sin burlarse de ellos.			
• Seguir indicaciones del profesorado.			
• Cuidar mis cosas y las de otros.			
• Hablar sin groserías.			
• Tratar a mis compañeros sin golpes.			
• Expresar lo que siento respetando al profesor.			
• Hablar de otros temas en el tiempo de compartir.			
• Participar con aportaciones relacionadas con el tema.			

Con la siguiente lista cotejable se sugiere observar durante tres momentos los costos y ganancias, como parte del seguimiento de la puesta en práctica del código escolar. La siguiente ficha muestra sólo un ejemplo de conductas que conforman un reglamento escolar.

2.7. Registro diario. Código escolar de la escuela primaria				
Profesor/a: _____ Grado: _____ Fecha: _____				
	Día:		Día	
	Costos	Ganancia	Costo	Ganancia
• Solicitar por favor y dar las gracias.				
• Respetar turnos y levantar la mano para participar.	El profesor enseña respuesta alterna			

• Escuchar a sus compañeros sin burlarse de ellos.		El alumno se sale con la suya sin costos	
• Seguir indicaciones del profesorado.			
• Cuidar mis cosas y las de otros.			
• Hablar sin groserías.			
• Tratar a mis compañeros sin golpes.			
• Expresar lo que siento respetando al profesor.			
• Hablar de otros temas en el tiempo de compartir.			
• Participación relacionada con el tema.			

COMUNICACIÓN A PADRES DE FAMILIA SOBRE EL CÓDIGO DE CONDUCTA

La participación de los padres de familia es fundamental en este proceso por lo que, una vez que los niños hayan asumido las reglas así como las consecuencias de no acatarlas, se deberá hacer una asamblea por grado escolar para que los propios niños informen a sus padres el contenido del código de conducta. Se sugiere que cada padre de familia firme un acuerdo en el que se comprometa a tener un seguimiento del comportamiento de su hijo; por su parte, su hijo firmará el compromiso de cumplir con el código de conducta en ese mismo acuerdo (Mendoza, 2010b).

El profesorado, a su vez, se comprometerá a informar cotidianamente o semanalmente, acerca del rompimiento de las reglas.

En resumen, se destaca que es fundamental y obligatorio que el profesor cotidianamente monitoree la puesta en práctica del código escolar. El maestro de apoyo o psicólogo educativo también lo harán: cotidianamente, en diversas aulas o en el patio escolar, retroalimentando al profesorado en caso de haber brindado la respuesta alterna a conductas disruptivas o agresivas o no haber aplicado el costo para el alumno.

TERCERA ESTRATEGIA
YO CUIDO: DESARROLLO DE EMPATÍA

COMPETENCIAS

- Competencias para el manejo de situaciones
- Competencias para la convivencia
- Competencias para la vida en sociedad

OBJETIVO

El objetivo de este componente es que el alumnado desarrolle empatía a través de conductas cotidianas en beneficio de sus compañeros y profesores.

CARACTERÍSTICAS

En función de la tesis socializadora de la reparación del daño y con base en el potencial preventivo, sabemos que el desarrollo de empatía confronta a la persona con el daño que causó y con la víctima. El esfuerzo reparador en la estrategia de desarrollo de empatía es elemento central, ya que en él se expresan los elementos de socialización y reconocimiento de la existencia de reglas para vivir en sociedad.

Las nociones más amplias de la reparación del daño se dirigen a la recuperación de la paz y la desaparición del conflicto. Las diversas acciones pueden consistir en la reparación de daños materiales, los contactos directos del agresor-víctima o el trabajo en beneficio de compañeros de la escuela.

La reparación del daño consiste en que el alumno agresor se sensibilice del perjuicio y dolor causado a la víctima. Esta estrategia se hace siempre bajo estricta vigilancia del personal, del psicólogo educativo y profesorado.

El desarrollo de empatía no consiste en castigar al alumno poniéndolo a pintar paredes o bancas; a levantar la basura del patio después de recreo, ni a expulsarlo dentro del plantel escolar, que quiere decir que no entre al aula, pero si a la escuela, entre otras. Este tipo de castigos impiden que la escuela ofrezca al alumnado la oportunidad de aprender y practicar el desarrollo de conducta prosocial, conductas que se deberán poner en práctica durante actividades académicas guiadas por el profesorado.

ACCIONES

Se toman las siguientes acciones cuando un alumno lastima a otro:

En caso de haber roto pertenencias, éstas se deberán reponer. Cuando un alumno lastima a otro, siempre ofrecerá una disculpa mirando a los ojos. En caso de que el alumno víctima solicite que sea una disculpa pública, se puede desarrollar una asamblea, ya que las asambleas garantizan un ambiente de respeto y protección para todos.

También es aconsejable desarrollar una asamblea escolar con el objetivo de informar sobre el monitoreo que tendrá el profesor y personal de orientación o psicología, con el objetivo de garantizar que todo el alumnado se sienta protegido dentro del recinto escolar.

Todo el alumnado participa para acordar las estrategias que se usarán para no emplear apodos, no excluir ni ejercer cualquier tipo de violencia hacia sus compañeros.

Se establecen compromisos o tratos, para que cada alumno se comprometa a realizar una acción que él decidirá, para no violentar a sus compañeros. El profesorado también participa en esta toma de compromiso.

El profesor o guía de la sesión, menciona al grupo la forma en la que va a monitorear cotidianamente que no exista violencia, con estrategias como el buzón de quejas, entre otras.

Cuando un alumno rompe una regla y haya dañado a otra persona u objetos, será importante que haga una reparación del daño, que tiene por objetivo ayudar a que aprenda a desarrollar comportamiento prosocial, ayudándole a construir empatía, tolerancia y respeto hacia otras personas. Por ejemplo, un chico que constantemente lastima emocionalmente a un niño con capacidad diferente, puede elegir una forma de reparar el daño apoyando durante un tiempo al otro niño, ya sea para bajar y subir escaleras o mostrarle ayuda en actividades específicas desarrolladas en el aula o el patio; siempre bajo estricta supervisión y previo acuerdo con el niño lastimado, así como de los padres, garantizándoles que el niño violento ya no le lastimará.

En caso de que un chico haya lastimado o roto algún objeto, la reparación del daño podrá ser reponerlo o pagarlo. Para que tenga mayor valor la consecuencia, se sugiere que el dinero con que el niño pagará, lo obtenga a través de su "semana", "mesada" o cualquier otro dinero que los padres le dan para gastos personales. Y es recomendable que se le solicite demostrar cualquier otra conducta de apoyo a sus compañeros, a través de la cual exhiba ayuda, cooperación y solidaridad entre otros valores, siempre con el apoyo de los padres.

En todo caso, siempre el primer paso para la reparación del daño, será aceptar su comportamiento, ofrecer una disculpa, y exhibir una conducta prosocial, siempre bajo la supervisión de un educador.

Es necesario que para la reparación del daño, se tome en cuenta la opinión del niño afectado, preguntándole directamente. Hay niños que lo único que piden es que les den una disculpa; otros piden que sea una disculpa pública debido a la vergüenza que les hizo pasar el agresor, pues sienten que la disculpa pública les ayudará a no ser etiquetados como niños a los que se puede tomar de "bajada".

En España existe una cultura de reparación del daño que impacta directamente en beneficio del ambiente social. Hay toda una estructura legal y social, que permite identificar tempranamente a jóvenes adolescentes que incurren en delitos menores y entre otras acciones. Estos transgresores deben reparar el daño participando, hasta por meses, en tareas que beneficien a diversas comunidades como hospitales, asilos, etcétera. Por ejemplo, si algún joven intentó comenzar un incendio en una escuela, una forma de reparar el daño es que durante varios fines de semana acuda, bajo la supervisión de un psicólogo, a cuidar a personas quemadas.

Se sugiere que, al igual que las consecuencias, las conductas reparadoras sean estructuradas en acuerdos con el alumnado, para que ellos identifiquen que además de tener una consecuencia, deberán reparar el daño cuando lastimen verbal o físicamente a un compañero, o lastimen las pertenencias de otros. Y se le sugerirá una "conducta alterna a la que exhibió".

En colegiado se pueden construir las reglas, consecuencias y forma de reparar el daño, tomando como ejemplos casos que se hayan presentado en la escuela, como alumnos que se pelean físicamente, se amenazan medios informáticos, se insultan o se pegan en los baños, etcétera.

Ejemplo:

Comportamiento no aceptado	Respuesta alterna (identificar la función que tuvo la agresión en su comportamiento)	Consecuencia	Desarrollo de empatía
Durante la clase un niño le pega a otro para quitarle un objeto	• El profesor solicita al niño que pegó que devuelva el objeto y en seguida lo pida prestado y diga por favor • El niño que es dueño del objeto puede decir "No te lo presto" y hay que respetar su decisión	El profesor le aplica una consecuencia al niño, quitándole 5 minutos de su tiempo de recreo	El alumno empleará esos 5 minutos para cuidar de otros niños; por ejemplo, en compañía del adulto responsable cuidará la "fila de los tacos" para que no se metan otros compañeros
Durante la clase un niño se desplaza en el aula, tira los materiales y arruina el trabajo de otro compañero	El profesor solicita al niño que recoja lo que tiró, ofrezca disculpas e inmediatamente, en forma asertiva, pida permiso para pasar (mira a los ojos)		Deberá ayudar a su compañero a reparar el trabajo que dañó

Una niña levanta la mano para participar y un compañero le grita "Tú no, tú no, siempre dices tonterías"	El profesor solicita que se disculpe con la alumna		En ese momento el profesor pide al alumno que, dirigiéndose a la niña que ofendió, repita la pregunta planteada por el docente y le diga: "Eres una niña inteligente y quiero escuchar tu participación"
Un niño grita para participar	El profesor detiene la clase y le dice: "Volveré a preguntar y vas a levantar la mano para participar sin gritar"		
Un alumno golpea y empuja para "entrar" a un equipo de trabajo	El profesor solicita que ofrezca disculpas y exprese asertivamente: "Me gusta estar con ustedes, ¿me dejan participar por favor?, prometo portarme bien"	El profesor le aplica como consecuencia perder 5 minutos de su recreo	Durante los 5 minutos que le quitan tiene como labor permanecer con algún profesor en los equipos de "juegos de mesa"; no podrá participar jugando, pero sí expresando palabras de felicitación cuando otros "hagan una buena jugada"
Una alumna rompe un objeto ajeno para desquitar su enojo porque no se lo prestaron	El profesor le pide que ofrezca disculpas y que ahora, en lugar de usar golpes, exprese con palabras: "Me enoja mucho que no quieras prestarme tus cosas, porque yo sí te las presto"	Deberá compensar al compañero con un objeto igual o similar (incluso uno propio)	El niño castigado colaborará durante 10 minutos (una sola ocasión) en la biblioteca o ludoteca, para invitar a los alumnos que acuden a ella a cuidar el material

Un niño insulta fuertemente a un compañero (ofendiendo a su madre) porque no le quiso prestar "pegamento"	El profesor le pide que se disculpe y exprese asertivamente su enojo: "Me enoja que si tienes pegamento no me prestes un poquito para terminar mi trabajo"	Se quedará 5 minutos sin recreo	Durante ese tiempo el niño escribe una carta con un dibujo, mencionando cinco adjetivos positivos de la mamá del niño al que ofendió
Una niña se burla de las compañeras que se equivocan en sus participaciones	El profesor le solicita que ofrezca disculpas, se ponga de pie frente a la clase y exprese aspectos positivos de las personas que participaron, por ejemplo: "Eres inteligente, perdón por burlarme"		Durante un ejercicio, la niña moderará los turnos de las participaciones en clase, con el fin de verificar el respeto a las mismas
Un niño le grita al docente de educación física	Se le pide que se disculpe y hable en forma asertiva: "Me enoja que no me haga caso cuando levanto la mano"	No tendrá acceso a un ejercicio completo de educación física (15 minutos o lo que dure un solo ejercicio)	En ese tiempo, deberá apoyar al docente, por ejemplo, a entregar material a sus compañeros

Para identificar las conductas de reparación de daño o compensatorias, se podría preguntar a los niños en una asamblea escolar: si un niño le pega a otro ¿qué debe hacer para reparar? Si un niño se burla de otro ¿cómo puede demostrar que acepta que rompió una regla y que está dispuesto a compensar el daño?, etcétera.

Se sugiere que, cuando se rompa una regla, se sigan las siguientes acciones:

- Identificar la regla que se rompió.
- Aplicar el costo o consecuencia de forma inmediata y consistente.
- Preguntar al niño que fue afectado, la forma en que quiere que se le repare el daño.

- Solicitar que, en una reunión, el niño que rompió la regla, ofrezca disculpa al alumno agredido, siempre protegiendo al alumno agredido, de posibles miradas, gritos o cualquier otro mal comportamiento del agresor.
- Acordar con el alumnado la forma en que se van a compensar los daños.
- Informar a los padres, a través de un registro previamente diseñado, sobre la regla que se rompió, las consecuencias y la forma de reparar el daño.
- Comenzar con la reparación del daño en un tiempo no mayor a una semana y bajo estricta supervisión.

CASO 18
CICLO DE BULLYING

En una escuela primaria hay un grupos de alumnos de sexto grado, que conforman el ciclo del bullying (Olweus, 2005), de tal manera que hay alumnos que desempeñan distintos papeles: el rol de acosador (bully), de secuaz, de seguidor pasivo, el de víctima y el amigo de la víctima; hay alumnos que desempeñan el doble rol víctima/acosador y tenemos a una profesora que no se ha percatado de esta célula de bullying que tiene en su aula.

El alumno bully, en compañía del secuaz y el seguidor pasivo, amenaza al alumno víctima en los baños y la amenaza se concreta con una pelea física.

A través de reuniones individuales, los niños pudieron expresarse libremente –en el caso de los alumnos que desempeñaban el rol de secuaz y seguidor pasivo–, admitieron su responsabilidad, se comprometieron a ofrecer una disculpa al alumno víctima y también se comprometieron a ya no seguir las órdenes del acosador. Pero también externaron tener miedo al acosador, porque los tenía amenazados, por lo que hacían lo que les pedía; por eso, parte de esta intervención, fue romper con esta patrón de conducta, evitando que los niños volvieran a ser amenazados.

Los dos alumnos se comprometieron a reparar el daño que le habían hecho a la víctima a través de demostrarle cotidianamente un comportamiento prosocial, como saludarlo, mostrarle una expresión facial amigable, ya que antes le lanzaban miradas hostiles. Ellos mismos se impusieron una tarea cotidiana para ayudarle y cooperar en actividades escolares y, finalmente, le expresaron a la víctima que le iban a demostrar que querían ser sus amigos. Cabe destacar que estas acciones no se hicieron en aislado, sino que se actuó conforme al contexto escolar y poniendo en práctica las estrategias. Hubo un seguimiento de dos meses para asegurarse de que los alumnos no volvieron a molestar a la víctima.

A continuación se presentan algunos ejemplos de estrategias exitosas de desarrollo de empatía en el aula escolar:

- Tomar en cuenta la opinión del niño que fue lastimado.
- En caso de haber lastimado físicamente a un alumno, solicitar al agresor que acompañe a la víctima, bajo estricta supervisión, a la enfermería y a que participe en su atención y cuidado, así como ayudar en tareas específicas académicas dentro del aula en apoyo al niño que lastimo.
- El niño agresor paga los daños que hizo a la víctima.
- Apoyo del profesorado, que es lo que más ayuda a detener el ciclo del bullying, cuando actúa para proteger a todos los alumnos, lo que hace que lo perciban como una persona justa.

Cuarta estrategia
Yo opino: Asamblea escolar

Competencias

- Competencias para el aprendizaje permanente
- Competencias para el manejo de situaciones
- Competencias para la convivencia
- Competencias para la vida en sociedad

Objetivos

Ofrecer, en el aula escolar, un espacio y tiempo para solucionar conflictos, para comunicar emociones, así como para planificar actividades educativas, con la participación del grupo en su totalidad y con la guía del profesorado y personal de USAER.

Identificar células de bullying, encubiertas dentro del aula escolar, conociendo con precisión, el alumnado involucrado en situaciones violentas que conforman el ciclo de bullying.

Características

Las asambleas escolares son estrategias de prevención, diagnóstico e intervención, para el mejoramiento de los ambientes escolares.

Estas asambleas están propuestas en el actual Plan y programa de 2009, establecido por la SEP en la materia de Formación Cívica y Ética, aunque no se indica la metodología para llevarlas a cabo.

Durante el desarrollo de las asambleas, el alumnado es guiado para que exhiba tolerancia, cooperación y respeto, además de que facilita la inclusión de alumnado rechazado por sus compañeros.

La asamblea escolar ha demostrado ser una estrategia eficaz para posibilitar el aprendizaje y mantenimiento de comportamiento prosocial, incluso de alumnos que han tenido peleas físicas.

En contextos escolares donde se presentan episodios de bullying y violencia extrema, brinda al alumnado la oportunidad de expresarse en un ambiente de respeto a través del cual comparten enojo por sentir que son tratados injustamente; quejas o para solicitar ayuda porque han detectado posesión de navajas; y pueden prevenir la violencia extrema o el abuso sexual dentro del contexto escolar (Mendoza, 2009a).

Acciones

- Participación del alumnado, el profesorado y/o personal de orientación y psicología. El personal de psicología o el profesorado solamente sirven de guías en la conducción de la asamblea.
- Estipulación de reglas de convivencia y organización del mobiliario en círculo.
- Aplicación de preguntas desarrolladas exclusivamente para identificar a las células de bullying existentes en el aula, lo que permite conocer quien es el alumnado bully, víctima, bully-víctima, espectador, etcétera.

- Ejemplificación, con cuentos o fábulas, de algunas conductas que el alumnado puede desarrollar en casos de violencia, como solicitar ayuda, decir lo que están viviendo; romper el silencio ante la amenaza de otros compañeros que los obligan a robar, a levantar las faldas de las compañeras, etcétera.
- Levantamiento de acuerdos para que el alumnado conozca qué hacer cuando lo están molestando constantemente, y que conozca las medidas de atención y protección que ofrece la escuela.
- Compromiso del profesorado y personal de psicología para protegerlos y ayudarlos en caso de ser víctimas de cualquier tipo de violencia.

La primera asamblea escolar que se propone es el desarrollo en colegiado –profesor y alumnos– del código de conducta escolar y, a partir de esa, hacer asambleas escolares específicamente para abordar el tema de bullying, que incluyan las acciones antes expuestas (Mendoza, 2008a, 2009c).

Algunos puntos a tomar en cuenta para asambleas subsecuentes:

- Tener un objetivo. Se deberá comunicar al alumnado la finalidad de realizar asambleas escolares y los temas que podrán ser tratados en ella, con el objetivo de crear un espacio para reflexionar, compartir propuestas y toma de decisiones, desarrollándose habilidades de comunicación asertiva, resolución no violenta de conflictos, etcétera.
- Elección de temática. El alumnado elegirá con la guía del profesorado, los puntos a tratar en la asamblea, que estén relacionados con el mejoramiento de la convivencia escolar.
- Producto de la asamblea. Adquirir compromisos tanto del alumnado –en particular del involucrado en el ciclo del bullying– y el profesorado.
- Temporalidad. Se sugiere que se realicen una vez por semana o cada quince días, dependiendo de la situación escolar. Hay escuelas en las que se tienen que hacer dos asambleas escolares seguidas, debido a situaciones de extrema violencia.
- Mobiliario. Se sugiere que se organicen las sillas en forma de círculo y que el profesor se coloque a la misma altura visual que los alumnos.

Desarrollo de las acciones

- Guía de la sesión. Se deberá establecer una persona que sea el guía y moderador de la sesión. Al principio puede ser el profesor y, posteriormente, puede delegarse ese cargo a otros alumnos, comenzando por el alumnado más tímido.
- Reglas de comunicación. Se sugiere que se establezcan reglas de comunicación, como por ejemplo, esperar y respetar turnos para expresar una opinión; no burlarse, no insultar; atender y demostrar habilidades de escucha mientras otra persona habla; establecer contacto visual cuando se comparte una opinión y hablar en primera persona: "yo opino", "yo siento", "yo creo".

Conviene destacar que esta estrategia facilita la inclusión de alumnado rechazado por sus compañeros, ya que durante la asamblea escolar se debe dar la oportunidad a todos para expresarse.

Áreas que se fortalecen con las asambleas

Ficha: Educación Básica (Reforma Integral de Educación Básica)
Competencias para la vida
- Competencia para la convivencia.
- Competencia para la vida en sociedad.

Campo formativo
- Lenguaje y comunicación.
- Desarrollo personal y para la convivencia.

Rasgos del perfil de egreso
- Utiliza el lenguaje oral y escrito para comunicarse con claridad y fluidez.
- Argumenta y razona (identifica problemas, formula preguntas, emite juicios, propone soluciones y toma decisiones).
- Conoce y ejerce los derechos humanos y los valores que favorecen la vida democrática.

Ficha: Educación Media Superior (Reforma integral de la EMS)

Competencias genéricas

- Clave. Aplicable en contextos personales y sociales.
- Transversales. Relevantes a todas las disciplinas académicas.

Rasgos del perfil de egreso

- Elige y practica estilos de vida saludables. Cultiva relaciones inter-personales que contribuyen a su desarrollo humano y de quienes los rodean.
- Escucha, interpreta y emite mensajes pertinentes en distintos con-textos mediante la utilización de medios, códigos y herramientas apropiadas.
- Trabaja en forma colaborativa. Participa y colabora de manera efec-tiva en equipos diversos.
- Participa con responsabilidad en la sociedad. Participa con una con-ciencia cívica y ética en la vida de su comunidad. Privilegia el diálo-go como mecanismo para la solución de conflictos.

Se sugiere desarrollar tres asambleas con el tema de bullying:

Primera asamblea. Tema: ¿Qué es bullying?

Segunda asamblea. Tema: ¿Por qué existe el bullying?

Tercera asamblea. Tema: ¿Qué se puede hacer para que no exista bullying en el aula escolar?

PRIMERA ASAMBLEA. TEMA: ¿QUÉ ES BULLYING?

Procedimiento

1. Se debe ordenar el mobiliario en círculo.
2. Las reglas de convivencia que deberán seguirse durante la asamblea deben especificarse: respetar turnos, establecer contacto visual con lo compañeros; opinar sin criticar o burlarse de otros compañeros; par-ticipar levantando la mano; escuchar a sus compañeros, y que nadie tenga material u otro objeto en las manos que lo distraiga.
3. El personal de psicología o el profesorado es una guía, ya que quie-nes construyen la asamblea son los alumnos a través de sus experien-cias y vivencias.
4. Las opiniones siempre deben hacerse en primera persona y única-mente referente a lo que les consta; evitar decir: "me dijeron" o "di-

cen que". Hay contextos escolares en los cuales la comunidad se maneja con información que no es veraz y sin embargo, la toman como tal, lo que afecta sin duda a la convivencia escolar.

5. El profesor expresará el tema de la asamblea, las reglas así como los objetivos finales: tomar acuerdos y llevarlos a cabo.

6. Los roles que desempeñarán los niños durante la asamblea deben estar previamente definidos.

Roles

Se asignarán cinco roles, que serán desempeñados por distintos alumnos en cada asamblea, con el fin de que todos los alumnos participen a lo largo de las asambleas desarrolladas en el ciclo escolar.

- *Coordinador de turnos para participar.* Un alumno dará la palabra, determinando de acuerdo al orden en el que levantaron la mano, el momento que cada alumno tiene para participar.
- *Lector de preguntas.* Un alumno dará lectura a las preguntas guía de algunas de las temáticas planteadas.
- *Encargado de registrar los votos.* En caso de que haya alguna actividad para la toma de decisiones, será necesario que el alumnado vote democráticamente, por lo que un alumno registrará los votos.
- *Encargado del registro de participación.* Un alumno anotará a las personas que vayan participando para que se identifique al alumnado que no ha participado, promoviendo que lo haga en un ambiente de confianza.
- *Coordinador de tiempo y actividades.* Un alumno verificará que se cumplan con los temas planteados y en el tiempo aproximado establecido para cada actividad.

Caso 19
Asamblea desarrollada con alumnos de segundo grado

Esta asamblea se desarrolló para identificar al alumnado de primaria que recibió la siguiente instrucción de su profesora: "De aquí en adelante, quien se lleva se aguanta".

El alumnado libremente expresó: "tenemos el permiso del profesor para pegarnos", por lo que se les pidió que explicaran por qué los alumnos la interpretaron como: "podemos pegarnos", aunque parece una interpretación acertada. Y el alumnado expresó asertivamente a la profesora el malentendido; o sea, mirando a la profesora a los ojos, repitiendo la frase que ella les había dicho, y asumiendo con responsabilidad la interpretación que le habían dado, permitiéndose pegar y lastimar a otros, ya que se llevaban y se tenían que aguantar.

Conviene destacar que durante la asamblea escolar siempre hubo un clima de confianza, nunca retaron a la profesora, y además ofrecieron una disculpa a los compañeros que habían lastimado a partir de la instrucción de la profesora.

La profesora asumió su error, ofreció una disculpa y aseguró que no iba a permitir mas ningún tipo de golpes, insultos u otro tipo de agresión, por lo que ofreció su ayuda a quien fuera molestado y se comprometió a poner en practica el *buzón escolar*.

Estructura de la asamblea

Tema: ¿Qué es bullying?
Tiempo estimado: 1h. 30 min., dependiendo del número de alumnos, experiencias violentas en la escuela, etcétera.
Material:
- Rotafolio o *diurex*, plumones y papel rotafolio.
- Lista impresa del alumnado y pluma.
- Tarjetas con las preguntas que guían la sesión.

Etapas

- **Inicio.** Se delimita la estructura de la asamblea: duración, reglas, papeles que desempeñarán los alumnos.
- **Desarrollo.** El profesor guía las opiniones y acuerdos del alumnado.
- **Cierre.** Conclusiones de la sesión, acuerdos y dinámica de cierre.

Inicio

El profesor inicia expresando el tema que se desarrollará en la asamblea. Se determinarán los roles que algunos alumnos desarrollarán y cuáles son sus funciones. Los niños podrán elegir libremente desempeñar alguno de ellos o esperar que el profesor elija al azar. Especificará también el tiempo aproximado de la sesión y explicará la dinámica de la asamblea como las reglas de participación, haciendo énfasis en la importancia de que todos participen, entre otras.

Desarrollo

El profesor es una guía de la sesión. Todos los alumnos desarrollan la sesión con base en sus opiniones, experiencias, etcétera. El profesor verificará en todo momento que cada alumno cumpla con los roles determinados.

Cierre

Se sugiere que se desarrollen las conclusiones de la asamblea de forma concreta y puntual.

En esta primera sesión hay tres puntos alrededor de los cuales el alumnado tiene que reflexionar:

- Concepto de bullying. El alumnado identificará, con base en su experiencia, las conductas que se presentan en el bullying. El profesor ayudará exponiendo la parte teórica contenida en este texto.
- Abuso de poder. El alumnado identificará que en el bullying una persona se siente más fuerte que otra, por lo que abusa de ello.
- Identificación de participantes. El alumnado identificará el rol que tienen algunos de los participantes del bullying, con la finalidad de que, en futuras asambleas, propongan la forma en que pueden ayudar, principalmente cuando son espectadores del bullying.

Preguntas guía

Concepto de bullying

- ¿De qué manera se puede molestar a un compañero?
- ¿De qué forma se puede lastimar?
- ¿Se puede dañar con palabras?, ¿un apodo es maltrato? Digan algunos ejemplos de apodos, ¿ustedes creen que es agradable que le digan así a sus compañeros?, ¿quién de ustedes tiene un apodo y cómo se sienten cuando les llaman así?, ¿quién de ustedes ya no quiere que le hablen mediante un apodo?

- ¿Cuándo un compañero quiere jugar y no se le da permiso de jugar, se le está lastimando?, ¿de qué otra manera se puede lastimar a los compañeros sin pegar o insultar? Guiarlos para que identifiquen la exclusión.
- ¿Qué significa "traer de bajada" a alguien?, ¿ es maltrato?, ¿por qué?
- Lastimar las pertenencia de los compañeros, ¿es maltrato?, ¿está bien patear la mochila de otros o esconderles sus cosas? Den algunos ejemplos de maltrato a las pertenencias de los compañeros.
- ¿Cuándo se les pierde dinero u otras cosas, piden ayuda al profesor?, ¿cuando piden ayuda al profesor aparece lo que se les perdió?, ¿en alguna ocasión, han visto a la persona que les quita sus cosas?, ¿se lo han dicho al profesor?, ¿cómo lo resuelve?

Abuso de poder

- ¿Creen que el niño que comienza a molestar a otro, es más fuerte o más alto?, ¿creen que sea más poderoso que el niño a quien se "trae de bajada"?, ¿en verdad creen que tenga más poder que otros?, ¿cómo saben que es más poderoso?, ¿por qué creen que se sienta más poderoso que el niño al que molesta?
- ¿Quién tiene más poder: el maestro o el niño que pega?, ¿y quién tiene más poder: el maestro o el director?, ¿han visto si el director da zapes a los profesores?, ¿estaría abusando de su poder como director si lo hiciera? Este ejemplo ayuda para que los niños más pequeños entiendan la diferencia de poder que a veces existe entre las personas.
- ¿Ustedes creen que un niño vale más que otro, por ser más alto, por ser rubio o por ser moreno? El profesor deberá guiar para que entiendan que los rasgos físicos permiten que exista la diversidad, pero que ello no hace que un niño o una joven valga más que otro.
- ¿Creen que un niño vale más que otro, sólo porque tiene muchos amigos?, ¿si una persona tiene más dinero, vale más como persona?

Participantes del bullying

- ¿Podrían contar si el niño que molesta constantemente a otro, lo hace solo o en grupo? ¿Qué hace el grupo de amigos del niño agresor cuando comienza el conflicto?
- ¿Qué hacen otros alumnos que están observando y no son amigos del niño que comienza la pelea?

- ¿Se han dado cuenta de que existen alumnos que observan cuando un alumno molesta a otro, pero no hacen nada para ayudarlo?
- ¿Cuántos alumnos participan para que el bullying exista?

El profesor explica que para que exista una pelea o un conflicto, existen: un alumno que recibe el maltrato; otro u otros alumnos que lo molestan y algunos que observan lo que está pasando. Después se pasa a reflexionar sobre el papel del profesor.

- ¿El profesor se entera cuando un niño molesta constantemente a otro?
- ¿Cómo reacciona el profesor cuando le cuentan lo sucedido?
- ¿Cómo reacciona en el momento que "cacha" a un niño lastimando a otro?
- ¿Cómo soluciona los conflictos entre compañeros?, ¿castiga al que pega?, ¿castiga al niño que recibe el maltrato?, ¿cómo se comporta con el que recibe el maltrato?

Cierre

Al finalizar, el uso de una dinámica de distensión es una oportunidad para que el alumnado ría y se divierta para romper la tensión de la temática abordada.

CASO 20

ASAMBLEA ESCOLAR DESARROLLADA CON ALUMNOS
DE TERCER GRADO

Se organizó una asamblea escolar en un aula en la que había cotidianamente violencia y acoso escolar, ya que existía un grupo de alumnos que robaba, pegaba y amenazaba a otros compañeros. Para el desarrollo de la asamblea escolar se emplearon las preguntas guía. El alumnado participó respetando las reglas de convivencia establecidas, por lo que se expresaron libremente sin temor a burlas, pero sobre todo sin temor a ser amenazados por sus compañeros que los acosaban.

El alumnado comenzó la primera asamblea expresando el nivel del acoso más bajo: la exclusión y los apodos. Algunos niños expresaron el apodo, la persona que los decía así como era sentir cuando les decían apodos.

La estrategia usada para atender la petición de los niños lastimados por apodos fue la siguiente: cada alumno de pie frente a su acosador le dijo de forma asertiva, firme y mirando a los ojos: "No me gusta que me digas_____, porque me siento triste, y no te permito que me lo vuelvas decir, si lo haces, pediré ayuda a la maestra". El acosador mirando a los ojos, ofreció una disculpa, se comprometió a ya no hacerlo.

La profesora expresó que desde ese momento ella sería la protectora de todos los alumnos y que, para ello, necesitaba que le informaran inmediatamente cuando los lastimaran o afectaran. Se comprometió a escucharlos y a poner en práctica el *buzón escolar,* que permitiría conocer si alguien los molestaba.

La asamblea finalizó y cada alumno, con una sola palabra, expresó como se sentía: 80% dijo que feliz; 13% declaró sentirse tranquilo y 7% externó que así se percibía protegido.

SEGUNDA ASAMBLEA. TEMA: ¿POR QUÉ EXISTE EL BULLYING?

Estructura de la asamblea

Tema: ¿Por qué existe el bullying?
Tiempo estimado: 1h. 30 min.
Material:
- Rotafolio o *diurex*, plumones y papel rotafolio.
- Lista impresa del alumnado y pluma.
- Tarjetas con las preguntas que guían la sesión.

Etapas

- **Inicio.** Brindar al alumnado la estructura de la asamblea: duración, reglas y roles que desempeñarán los alumnos.
- **Desarrollo.** El profesor guía las opiniones y acuerdos del alumnado.
- **Cierre.** Conclusiones de la sesión y dinámica de cierre.

Inicio

Expresar que la dinámica será similar a la asamblea anterior.

Recordar las reglas de convivencia y participación, así como la duración.

En esta sesión se elegirán nuevos participantes para que desarrollen los cinco roles propuestos.

Desarrollo

En esta sesión hay tres puntos alrededor de los cuales el alumnado tiene que reflexionar:

- La ley del silencio. En la que participan víctimas, espectadores e incluso el profesorado. El alumnado deberá reflexionar sobre la importancia de romperla para ayudar a que el bullying decremente.
- Apoyo a la víctima. Algunas falsas creencias sobre el bullying, facilitan que éste se siga presentando; por ejemplo, algunos alumnos y profesores creen que la víctima tiene la culpa y que se merece que la traten mal; otros creen que el bullying es un juego, que así se llevan los alumnos y que forja el carácter, por lo que no hacen nada para evitarlo.
- El papel del profesorado. Son la principal figura de protección; reiteradamente se ha identificado que por lo regular el alumno no le confía al profesor lo que le está pasando y, en otras ocasiones, cuando le cuenta sobre su victimización, no lo apoya como víctima para detener el acoso. Por lo que es importante que el alumnado exprese sus opiniones y sus experiencias al profesor, para sensibilizarlo sobre la importancia del apoyo al alumnado víctima, agresor y, en general, a todos los alumnos que participan en el bullying.

Preguntas guía

Ley del silencio

- ¿Cómo creen que se sienta una víctima de maltrato?
- ¿Las víctimas cuentan lo que les está pasando?, ¿por qué no quiere pedir ayuda?, ¿el niño creerá que se merece el maltrato?, ¿se sentirá culpable?, ¿por qué?

- ¿Qué más creen que sienta o piense la víctima?
- ¿Las víctimas piden ayuda al profesor o a sus padres?, ¿por qué creen que las víctimas guardan silencio y no piden ayuda?, ¿qué pasa cuando un niño que es victimizado no le cuenta a nadie lo que le sucede en la escuela?
- ¿Los alumnos que observan el bullying, le dicen al profesor?, ¿por qué creen que no le dicen?, ¿qué pasaría si estos niños rompen el silencio y le dicen al profesor?
- ¿Qué creen que sienta el niño que comienza los conflictos molestando a otros?, ¿por qué creen que lo hace?, ¿pensará que no lo van a "cachar"?, ¿recibe alguna consecuencia por maltratar a sus compañeros?

El profesor guiará a los alumnos para desarrollar una conclusión de lo que plantearon en la asamblea y escribirá las conclusiones en rotafolio.

Se sugiere que antes de abordar el tema de romper el silencio se les narre la historia de *Los gorilas,* historia que ha resaltado su eficacia como un "disparador" para identificar a los alumnos que tienen amenazados a otros, obligándoles a realizar conductas como robar, pegar, o tocar genitales de compañeros, entre muchas otras.

Los gorilas (fábula)

Había una vez unos gorilas que vivían en un zoológico: ¡felices y contentos! Tenían un hábitat semejante al de una selva, con cascadas y árboles. En ese lugar les preparaban una deliciosa y nutritiva dieta: verduras, proteínas, carbohidratos y, si comían bien, les daban unas deliciosas frutas.

Un día, mientras comían el postre, se sentaron en círculo a platicar sobre los lugares en donde habían vivido antes de llegar allí. Comenzó Ogu, el gorila más grande y fuerte de esa manada y el primer gorila en haber llegado a ese lugar: "Antes de llegar a vivir aquí, vivía en un cuarto muy pequeño, era la cochera de mi dueño, no tenia luz, tampoco ventilación, a veces me daba de comer, otras no; me sentía solo, sucio, con miedo… pero lo peor no era eso –dice Ogu, con una voz muy triste–, lo peor de todo… es que mi dueño me azotaba, me pegaba con palos y cadenas. Siempre intenté defenderme y regresarle el golpe, pero me di cuenta que era peor, porque me encadenaba, me amarraba los brazos para que no pudiera moverme, y él continuaba con los azotes… Cuando se iba a trabajar y me tenía que dejar solo, me amenazaba y me decía que no gritara para pedir ayuda, porque si lo hacía, cuando él llegara me iba a ir peor…

Un día me armé de valor y decidí romper el silencio: pegué fuertemente en la pared, hice ruidos y pedí auxilio. Afortunadamente una vecina escuchó mis gritos de auxilio y llegaron hasta la cochera para rescatarme de ese lugar. Cuando me encontraron, yo me balanceaba una y otra vez, me hablaban pero yo no escuchaba muy bien; me acariciaban y al tocarme, yo los rechazaba y los agredía porque pensaba que me querían lastimar, como lo hacía aquel hombre. Finalmente me sacaron de ahí y me trajeron a este zoológico donde me cuidan y me quieren… y ahora soy feliz, he aprendido que las personas no tienen que maltratarme y, sobre todo, entendí que las amenazas las usan los agresores para tenernos callados y no pedir ayuda".

Después continuó María, joven y bella gorila, esposa de Ogu: "Antes de llegar aquí, yo viajaba con un circo, me obligaban a trabajar muchas horas, me daban muy poco de comer, me decían palabras que me lastimaban, como floja, tonta, no sirves para nada, apestas. Cuando me sentaba a descansar, mi domador me levantaba con patadas y palazos; y el lugar en el que vivía no era agradable, olía mal y estaba sucio. Mi domador me amenazaba con gritos, advirtiéndome que si durante la función pedía ayuda a la gente, se las pagaría… Una vez, durante la función me desmayé, no había comido y ya no tenía fuerzas para continuar; además, mi espalda estaba lastimada por los golpes que me había dado… Una persona se acercó a verme y llorando le pedí que me sacará de ahí…

A partir de ese momento, me rescataron del circo y me trajeron a este bello lugar, aunque recuerdo que cuando llegué aquí, en las noches tenía accidentes – y continuó con voz bajita – me hacia pipí en la cama, tenía pesadillas horribles y muy mal humor; me costaba trabajo platicar con los demás, prefería estar sola porque tenía miedo que me pegarán. Pero ahora me siento tranquila, aquí me alimentan, descanso, trabajo en equipo con todos los de la manada, además… ¡conocí a Ogu!"

El siguiente en continuar con la plática, fue Leonardo, el más joven de la manada: "No contaré situaciones tristes, únicamente quiero decirles que si alguien te maltrata, ¡tienes que pedir ayuda!, no te quedes callado, alguien tiene que escucharte, tampoco te sientas culpable, los golpes y los insultos *no deben utilizarse para solucionar los problemas y tampoco deben de usarse para educar a los más pequeños".*

Y así continuaron los gorilas conversando acerca de lo agradable que es vivir con una manada que convive sin golpes ni insultos.

Al finalizar el cuento se puede preguntar:

- ¿Por qué creen que el amo le pegaba al gorila Ogu?
- ¿Por qué lo amenazaba?
- ¿Por qué Ogu y María no querían romper el silencio?
- ¿Qué hizo que se decidieran a pedir ayuda?
- ¿Los ayudaron cuando rompieron el silencio?
- ¿Los golpeadores cumplieron sus amenazas?

Apoyo a la víctima

- ¿El niño que es víctima, tiene la culpa de que le peguen o lo molesten?, ¿por qué?
- ¿La víctima tiene menos amigos que las personas que le pegan?
- ¿Si la víctima pida ayuda, le harán caso?
- ¿El profesor brindará ayuda?
- ¿Qué puede hacer el alumnado para apoyar a la víctima?
- ¿Cómo puede detenerse el bullying?

El papel del profesorado

- ¿Los profesores se dan cuenta de que existe el bullying?
- ¿Apoya a la víctima para detener el bullying?
- ¿Cómo actúan los profesores cuando un niño le pega, insulta, o le rompe sus cosas a otro?
- ¿El profesor no es parejo cuando arregla un conflicto entre compañeros?, ¿castiga al niño que pegó y al que le pegaron, por igual?, ¿el profesor actúa injustamente cuando existen conflictos entre alumnos?
- ¿El profesor no hace nada cuando existe conflicto entre compañeros?
- ¿Ustedes qué creen que pasará si no reprende al niño que molesta a los otros?, ¿cómo se sentirá un niño víctima si el profesor no hace nada para detener el bullying?

Cierre

El alumnado realizará, con la ayuda del profesor, las conclusiones de la sesión. Se sugiere que se retome la importancia de los tres puntos tratados: Ley del silencio, apoyo a la víctima y el papel del profesorado, pues los tres influyen notablemente para que el bullying se siga presentando.

Se sugiere terminar con un juego de confianza, que son ejercicios para reafirmar el valor como persona. Tiene por objetivo contribuir a la confianza y autoestima, al expresar en una sola palabra un rasgo positivo de sí mismo.

Procedimiento del juego de confianza

Estando de pie, se orilla el mobiliario para dejar un espacio libre y formar un círculo. La instrucción será: "con una sola palabra define algo de ti mismo, ¿quién quiere comenzar? Por ejemplo: soy único, soy alegre, soy emprendedor, soy amiguero, soy inteligente".

Todos tienen que participar y no se permitirá que alguien nombre un rasgo de sí mismo negativo.

CASO 21
SEGUNDA ASAMBLEA PARA ALUMNOS DE CUARTO GRADO

El alumnado se mostró con más confianza en esta segunda asamblea, expresaba lo que sentía, lo que opinaba, tomaba acuerdos y votaba para establecerlos y ponerlos en práctica en el aula.

En esta asamblea se abordó el tema de romper el silencio, por lo tanto se contó el cuento de *Los gorilas*. Los participantes expresaron con toda claridad que las amenazas las usan otras personas para: "hacer que los niños no los acusen", "para que tengan miedo y se queden callados", "las usan para que no digas nada, pero ya me di cuenta, que no las cumplen, pero sí me da miedo".

Con respecto al papel del profesorado expresaron frente al profesor: "pues me da miedo decirle lo que me hace Mario, porque sé que me van a regañar a mí"; "no le digo nada, porque siempre está ocupado"; "le tengo miedo al niño que me amenaza con robarles a otros"; "siento que aunque le diga, no me escucha".

Al finalizar de expresar lo que sentían, el profesor se comprometió a: escucharlos, a protegerlos, a no castigar injustamente, a revisar todos los días que se sintieran protegidos por él y, en especial por el alumnado, ya que la mayoría del grupo (60%) expresó que le molestaban pegándoles, insultándoles, pellizcándoles y robándoles.

El acuerdo fue monitorear todos los días, y pedir abiertamente al grupo para que expresaran de manera verbal si estaban siendo molestados por alguien, así como a escucharlos cuando tuvieran problemas y actuar para protegerlos; una vez por semana poner en práctica el *buzón de quejas*.

Tercera asamblea. Tema: ¿Qué podemos hacer para que no haya bullying en el aula escolar?

Estructura de la asamblea

Tiempo estimado: 1h. 30 min.
Material:
- Rotafolio o *diurex*, plumones y papel rotafolio.
- Lista impresa del alumnado y pluma.
- Tarjetas con las preguntas que guían la sesión.

Etapas

Inicio. Delimita la estructura de la asamblea: duración, reglas, papeles que desempeñarán los alumnos.
Desarrollo. El profesor guía las opiniones y acuerdos del alumnado.
Cierre. Conclusiones de la sesión y dinámica de cierre.

Procedimiento

Inicio
El profesor inicia expresando el tema que se desarrollará en la asamblea. Se especificará el tiempo aproximado de la sesión y explicará la dinámica de la asamblea (reglas de participación, la importancia de que todos

participen, hablar en primera persona cuando se participa, respetar turnos, levantar las manos para participar, entre otras).

Desarrollo

El profesor es una guía de la sesión. Todos los alumnos llevan la sesión con base en sus opiniones, acuerdos, etcétera. El profesor verificará que el alumnado cumpla con los roles determinados.

En esta sesión hay un punto alrededor del cual el alumnado tiene que reflexionar:

- ¿Como detener el bullying con la participación del alumnado, unido en la búsqueda de una mejor convivencia?

Preguntas guía

- ¿Qué pueden hacer para no participar como espectadores de bullying?
- ¿Que harás la próxima vez que veas que un grupo de compañeros le pegan a otro, se burlan constantemente de él, le esconden sus cosas?
- ¿Qué pasaría si todos los espectadores del bullying se unieran para romper el silencio?, ¿cómo podrían unirse para apoyar a la víctima sin soluciones violentas?
- Y si hacemos un buzón para aula, ¿cómo podría funcionar para apoyar a los niños maltratados?, ¿cuáles serían las reglas bajo las cuáles funcionaría el buzón?
- ¿Cómo les gustaría que se comportara el profesor cuando existe un caso de maltrato entre compañeros?
- ¿Qué podemos hacer para que los niños que no tienen tantos amigos los tengan?, ¿qué podemos hacer para que ningún niño de este salón ande solo en el recreo?
- ¿Qué podemos hacer para no excluir a compañeros de este grupo, ni en juegos o de los equipos de trabajo?, ¿a qué se compromete cada uno para no hacer a un lado a sus compañeros de clase?

Cierre

Se deberán tomar acuerdos y compromisos por cada participante: buzón del aula, estrategias para evitar la exclusión y el maltrato entre compañeros.

Cada participante expresará:

Yo me comprometo a… para que no exista violencia en la escuela.

Por ejemplo:

—Yo me comprometo a avisar a un adulto cuando algún grupo de compañeros lastime a otro.

—Yo me comprometo a no ignorar a mi compañero Juan y a invitarlo a jugar con mis amigos.

Caso 22
Alumnas de quinto grado rompen el silencio

Generalmente en escuelas en las que existe violencia escolar y/o bullying, en la segunda y tercera asamblea –siempre y cuando el profesorado haya cumplido con los acuerdos de atender y proteger al alumnado–, los alumnos rompen el silencio y hablan abiertamente de lo que está pasando en el aula escolar.

En una escuela primaria, alumnas de quinto grado expresaron las agresiones que recibían de Karla que "comandaba" a un grupo de compañeras que: amenazaban, intimidaban en los baños; insultaban y pegaban, tanto en el aula como el patio escolar, a otras niñas; las que seguían a la alumna bully –secuaz y seguidoras pasivas–, expresaban que estaban amenazadas por Karla, que las obligaba a comprarle el lunch, a pasarle las tareas, y a agredir a otras alumnas de primero, segundo, tercero y a las de su salón, principalmente en los baños, en la hora de Educación Física y en el recreo.

Una de las alumnas víctimas reaccionaba ante las agresiones llorando y corriendo, lo que por supuesto generó que el comportamiento acosador se hiciera aún más fuerte. Hasta aquel momento ningún profesor había intervenido para detener el bullying.

En la tercera asamblea las alumnas víctimas decidieron a expresar como se sentían y el miedo que le tenían a las alumnas que las acosaban. Y así pudieron tomar acuerdos entre todos:

- Que los alumnos espectadores se comprometieran a ayudar a las víctimas solicitando ayuda a un profesor.
- Que la víctima en caso de ser agredida solicitará ayuda inmediata a un adulto.

- Que las alumnas que cumplían el rol de secuaz y seguidoras pasivas se comprometieran a no seguir las instrucciones de la alumna que cumplía el rol de "bully".

- La alumna bully expresó que, como "ya la habían cachado", prometía ya no mandar y tampoco amenazar a sus compañeras.

- El profesor se comprometió ante el grupo a: escucharlos, a protegerlos, a dar costos cada vez que agredieran a alguien; a poner en práctica el buzón escolar para que pudieran expresarse libremente y exponer sus quejas; y a tener comunicación con los padres de los alumnos involucrados en situaciones de agresión y bullying.

- Las alumnas que acosaban a otras ofrecieron una disculpa pública y ofrecieron el compromiso de no molestarlas más.

El seguimiento que se hizo durante dos meses, permitió identificar que hubo algunos conflictos entre las alumnas: bully, secuaz y seguidores pasivos, mismos que se resolvieron a través de técnicas de solución no violenta de conflictos (Mendoza, 2010b); sin embargo, gracias a las estrategias puestas en práctica y del monitoreo cotidiano del profesor, no hubo más agresiones a las víctimas.

Buzón escolar

El buzón escolar es una estrategia exitosa hasta para la identificación de casos de abuso sexual en el aula (Mendoza, 2009). Su uso se sugiere con el objetivo de monitorear semanalmente a los alumnos acosadores. El buzón también permite conocer en qué porcentaje el alumnado se siente protegido en el aula escolar y por quién.

Su uso no puede ser aislado, ya que como única herramienta, no permite identificar agresiones escolares, creando incluso incertidumbre y desconfianza entre los alumnos.

Su aplicación puede llevar un máximo de diez minutos y se sugiere que se haga una vez por semana, ya sea antes de ir al recreo, al inicio de la jornada escolar o al finalizar alguna asamblea escolar.

Existe un requisito fundamental que se deberá respetar: la información que el alumno comparte en el buzón escolar, no podrá ser usada, o no se podrá revelar a otra persona sin la previa autorización del alumno.

MODELO DE BUZÓN DE QUEJAS

Buzón de quejas

Escuela: _____

Nombre:_____ Grado: _____ Fecha: _____

Recuerda:

**Lo que aquí escribas será confidencial
y no se podrá contar a nadie sin tu permiso.
Si nos cuentas lo que te pasa, ¡te podremos ayudar!**

1. La semana pasada ¿hubo alguien que te haya molestado de cualquier manera? (por ejemplo: te dijo apodos, te pegó, te amenazó, etcétera). Sí _____ No_____

¿Cómo se llama? _____

¿Cuéntame qué te hizo? _____

2. ¿Hay alguien que quiera obligarte a hacer algo que tú no quieres? Sí _____ No_____

¿Cómo se llama? _____

¿Cuéntame qué te hizo? _____

3. ¿Hay alguien que quiera tocar tus partes íntimas? Sí _____ No_____

¿Cómo se llama? _____

¿Cuéntame qué te hizo? _____

4. ¿Te sientes protegido en tu salón de clases? Sí _____ No_____

¿Por quién? _____

Ejemplos del ciclo del bulllying

A continuación se ejemplifica cómo, a través de las asambleas escolares, se puede identificar con rapidez y precisión al alumnado que participa en el ciclo de bullying determinado por Olweus.

Primera asamblea

En la primera asamblea cada alumno expresó la forma en que se sentían lastimados. En ésta, el único tipo de bullying identificado fueron los apodos, que principalmente se decían entre las mujeres; incluso, una alumna reconoció decirles motes a los hombres. Los acuerdos de no volverse a llamar por apodos, recibir un costo por hacerlo y ser monitoreados cotidianamente por el profesor, así como hacer uso semanal del buzón de quejas, se cumplieron, lo que permitió que los alumnos sintieran un ambiente justo y a un profesor que los protegía.

Segunda asamblea

En esta asamblea el alumnado reconoció que había cumplido su palabra, así como el profesor. En esta asamblea dos víctima decidieron romper el silencio y expresaron que constantemente eran insultadas por dos compañeras del grupo, quien las intimidaban incluso ya les habían pegado y amenazado en el baño. El alumnado espectador (tanto niños como niñas), fortalecieron el dicho de las alumnas víctimas, por lo que se rompió el silencio y se tomaron acuerdos. El otro tipo de bullying identificado en esta asamblea fue la exclusión que las mismas alumnas recibían de las que cumplían el rol de secuaz y seguidor pasivo, expresando que no les permitían participar en juegos o equipos de trabajo, pero sobre todo las dañaban esparciendo rumores maliciosos con el resto del grupo con el objetivo de aislarlas. Se tomaron acuerdos y se especificaron los costos que cualquier alumno tendría en caso de insultar, amenazar o pegar.

Como se observa en el esquema 4, en esta asamblea aún no se revelaba al acosador, lo que puede confundir al profesor y al psicólogo educativo, ya que en esta asamblea el seguidor pasivo y secuaz, aparentaban ser las alumnas bullies.

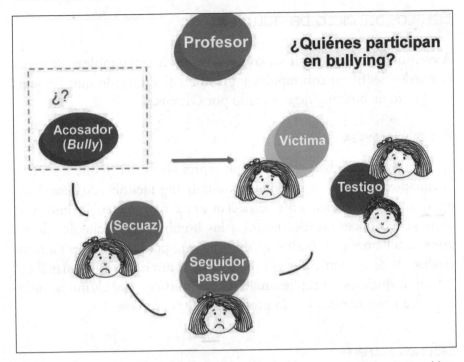

Esquema 4. Ciclo del bullying (Olweus, 2005), obtenido durante la segunda asamblea.

TERCERA ASAMBLEA

En esta asamblea el alumnado reconoció que el profesor había sido justo y había aplicado costos al alumno que había insultado. Las alumnas víctimas expresaron que se sentían protegidas, por lo que decidieron revelar a la alumna que tenía al aula amenazada.

Confesaron que había una alumna que les ordenaba a otras que les pegarán, que las siguieran por el patio para decirles palabras que las intimidaban y que, incluso, las agresiones en los baños eran mandadas por ella. Las alumnas secuaz y seguidor pasivo por fin decidieron romper el silencio y asumieron su responsabilidad en molestar a las alumnas, pero también reconocieron que tenían miedo y que se sentían amenazadas por la alumna que las comandaba. La alumna bully en ese momento no lo reconoció; sin embargo, en entrevista con ella, lo aceptó y solicitó ayuda.

Todas las alumnas involucradas fueron entrevistadas, lo que permitió aclarar todos los rumores que esparcían para lastimarse, así como amenazas que se habían hecho con arma blanca fuera del plantel.

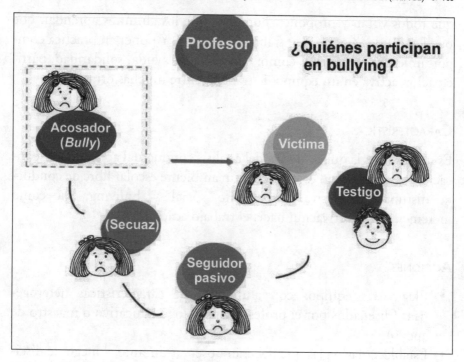

Esquema 5. Ciclo del bullying (Olweus, 2005), obtenido durante la tercera asamblea.

QUINTA ESTRATEGIA
YO AYUDO: JUEGO DE DISCIPLINA COOPERATIVA

COMPETENCIAS

- Competencias para el aprendizaje permanente
- Competencias para el manejo de situaciones
- Competencias para la convivencia
- Competencias para la vida en sociedad

OBJETIVO

El principal propósito del desarrollo del *Juego de disciplina cooperativa*, es motivar al alumnado para trabajar en equipo, ayudar a otros, y aprender en un ambiente libre de violencia.

Otros objetivos que cumple es que el alumno se sienta parte de un equipo de trabajo, comenzando por elegir el nombre del equipo para lo que todos votan y proponen nombres; que los alumnos aprendan que pueden ayudar a otros si se trabaja en equipo. Y poner en práctica comportamientos prosociales como: cooperación, ayuda, solidaridad, participación activa en un equipo de trabajo, entre muchas otras.

CARACTERÍSTICAS

Es una estrategia que se deriva del análisis conductual aplicado a la educación, cuya finalidad es mantener un ambiente escolar libre de conducta disruptiva, agresiva, aislamiento social y bullying, así como incrementar la motivación hacia el trabajo académico.

ACCIONES

- Elegir tres equipos con alumnado de características heterogéneas (diseñados por el profesor y psicólogo educativo o maestro de apoyo).
- Establecer las reglas que deberán observar durante el juego de disciplina cooperativa.
- Se mide el comportamiento de los grupos antes de dar inicio y durante la puesta en práctica del juego, con la finalidad de hacer un comparativo.
- Se establecen horarios y se informa al grupo las características del juego, así como la posibilidad de que los tres equipos ganen, siempre y cuando terminen el trabajo académico sin romper reglas.

Desarrollo de las acciones

Se divide al grupo en tres subgrupos y cada uno de ellos tendrá acceso a premios y consecuencias. La estrategia brinda a todos, la oportunidad de participar activamente para desarrollar y mantener un clima de confianza y respeto.

Durante esta estrategia se motiva al alumnado a mantener niveles de ruido que permitan trabajar a todos, por lo que se maneja el aula con mayor orden; evita tener alumnos que pierden el tiempo parándose, platicando o sin poner atención. Esto se logra a través de la obtención de recompensas grupales por mostrar comportamiento prosocial.

Asimismo, posibilita el aprendizaje cotidiano de toma decisiones con base en la reflexión sobre las posibles consecuencias a obtener, ya que el alumnado aprenderá que, dependiendo del comportamiento de su equipo, se obtendrán recompensas grupales. Conviene destacar que esta estrategia de ninguna manera se deberá trabajar aisladamente ya que se debe poner en práctica con las otras aquí propuestas, poniendo especial atención en brindar oportunidad al alumnado para desarrollar comportamiento prosocial como ayudar, cooperar, levantar la mano para participar, realizar trabajo académico, ganar la atención del profesorado y compañeros en un sentido positivo. Conductas que se logran cuando se brinda un apoyo integral para modificar la conducta agresiva y disruptiva, por lo que el manejo de premios y castigos es únicamente una estrategia para lograr motivación externa del alumno que, con la práctica, se transforma en una motivación interna, de tal manera que el alumno aprende que el comportamiento prosocial le brinda grandes ganancias –aceptación del alumnado, profesorado, rendimiento académico, etcétera– a bajo costo, porque no hay consecuencias negativas, ni miedo ni tristeza.

Se sugiere organizar el mobiliario del aula, así como la distribución de los lugares entre el alumnado, evitando sentar a los chicos que exhiben mayor comportamiento disruptivo en las filas finales o en las cercanas a la puerta o ventana. También ayudará para que el profesorado realice una auto observación de su trato con el alumnado y, de esta manera, analice si brinda menor oportunidad de participar al que considera con menos posibilidades académicas, haciendo gala de lo que se conoce como el efecto pigmaleón: el profesorado brinda todo lo necesario a los estudiantes que percibe "inteligentes" para que puedan aprender y sacar buenas calificaciones, mientras que al estudiante que percibe con menos posibilidades académicas, le restringe los apoyos y oportunidades, debido a que tiene la errónea idea de que es tiempo perdido educarle.

Procedimiento

a. Fase de evaluación

La fase de evaluación es importante ya que permite comparar el antes y después de la implementación de la estrategia para mantener disciplina en el aula escolar. Para esta fase se sugiere que se aplique a todo el alumnado un cuestionario para identificar el acoso que existe entre compañeros (bullying) y el maltrato entre profesor y alumno.

A través de una lista cotejable se observa y se registra el incumplimiento de algunas de las cuatro reglas básicas. Se sugiere que la psicóloga educativa desarrolle esta evaluación antes de la intervención. En la lista cotejable se anotan las reglas que deberán seguirse durante el trabajo académico, y la psicóloga puede registrar el número de veces que se rompieron durante una actividad académica determinada, misma que servirá para llevar a cabo el juego.

Para la fase de evaluación (Línea Base) se puede usar un registro. Como ejemplo se ofrece el Registro 5.1. El establecimiento de los comportamientos a observar, depende de las necesidades del profesor del grupo.

b. Fase de implementación

Se sugiere que el alumnado, el profesor y la psicóloga de la escuela, establezcan no más de cinco reglas que deberán seguirse durante el juego.

En algunas escuelas ha funcionado el establecimiento de las siguientes cuatro reglas que aquí se plantean:

1. Trabajar en silencio o en voz baja, únicamente cuando así lo requiera el trabajo académico.
2. Respetar a compañeros y adultos y no ejercer ningún tipo de maltrato.
3. Permanecer en mi asiento, cuando así lo requiera el trabajo académico y evitar salirme del aula y perder el tiempo fuera de ella.
4. Seguir las instrucciones del profesor para el desarrollo del trabajo académico y evitar estar haciendo otras cosas diferentes a poner atención al profesor.

Se sugiere que a través de la asamblea, con la guía del profesor y la psicóloga, el alumnado establezca premios y castigos a los que pudieran ser acreedores, en caso de seguir o romper las reglas básicas.

Hoja de Registro 5.1 Semana de inicio

Fecha: _____ Hora inicio: _____ Hora término: _____

Actividad y materia (durante el juego)

LB1	EQUIPO 1 (anotar nombre)	EQUIPO 2	EQUIPO 3
Conducta disruptiva (verbal)			
Agresión			
Estar fuera de su lugar			
No seguir instrucciones			
Jugar o hacer otra actividad			
LB2	EQUIPO 1	EQUIPO 2	EQUIPO 3
Conducta disruptiva (verbal)			
Agresión			
Andar fuera de su lugar			
No seguir instrucciones			
Jugar o hacer otra actividad			
LB3	EQUIPO 1	EQUIPO 2	EQUIPO 3
Conducta disruptiva (verbal)			
Agresión			
Andar fuera de su lugar			
No seguir instrucciones			
Jugar o hacer otra actividad			

Los premios diarios pueden ser actividades motivacionales para el alumnado, como sería ganar más tiempo de recreo; jugar 10 minutos antes de terminar la clase con un juego de mesa o salir al patio a realizar algún juego de distensión. Los premios semanales pueden ser actividades o regalos como: diplomas; lápices o gomas.

Esta actividad puede llevare a cabo durante diez semanas, en momentos específicos de la jornada escolar. El profesor puede elegir durante el día o en las clases en que los niños se encuentran inquietos, distraídos o poco motivados para el trabajo académico.

METODOLOGÍA

Formación de equipos de trabajo

Para llevar a cabo el juego, se sugiere dividir al grupo en tres equipos, tomando en cuenta la diversidad del aula, por lo que cada grupo deberá contener: hombres y mujeres (un número equivalente para cada grupo); alumnos líderes y alumnos poco sociables; los tolerantes y los intolerantes; cooperadores y los que no cooperan; niños con nivel académico avanzado con niños de bajo rendimiento, etcétera. Cada grupo deberá tener un balance respecto a la diversidad existente en el aula y quien mejor puede definir sus características es el profesor del grupo.

	Equipo 1	Equipo 2	Equipo 3
Nombre de los alumnos	1._____ 2._____ 3._____ 4._____ 5._____ 6._____ 7._____ 8._____	1._____ 2._____ 3._____ 4._____ 5._____ 6._____ 7._____ 8._____	1._____ 2._____ 3._____ 4._____ 5._____ 6._____ 7._____ 8._____

Cada equipo deberá elegir un nombre que los identificará como grupo de trabajo y se anotará en el tablero de puntuación. Este es un buen momento para que el alumnado muestre cooperación y tolerancia. En ocasiones se me ha acercado algún alumno para exigirme que se cambie el nombre del equipo, cuando ese alumno es el único que voto por dicho nombre.

Momento del día para el juego

La profesora elegirá un momento del día en el cual ha identificado que es particularmente difícil dar la clase, debido a que los niños no ponen atención, juegan, se maltratan y, en general, hacen otras actividades que no son las académicas.

Duración

La actividad del juego puede durar de 30 a 50 minutos, como máximo.

Preparación para el juego

Materiales

Para iniciar el juego se necesita que tengan una serie de materiales previamente elaborados, la lista cotejable 5.2. El tablero de puntuación 5.3.; plumones, lápices y reforzadores grupales e individuales para líderes o encargados de cada equipo.

5.2. Lista cotejable de reglas rotas

Anotar una marca al equipo cuyo integrante rompa alguna de las reglas.

	Equipo	Equipo	Equipo
Regla 1			
Regla 2			
Regla 3			
Regla 4			
Total de reglas rotas:			

5.3. Tablero de puntuación

	Lunes	Martes	Miércoles	Jueves	Viernes
Equipo					
Equipo					
Equipo					
Total					
Nombre del equipo ganador					

Instrucciones para iniciar el juego

Se explica que desarrollarán una actividad académica, en forma de juego. Se explicará que durante el trabajo académico deberán cumplir con las cuatro reglas específicas que ellos eligieron durante la asamblea, por ejemplo: 1) trabajar guardando un nivel de ruido que permita concentrarse; 2) respeto a sus compañeros; 3) permanecer en su lugar; y 4) seguir instrucciones para terminar el trabajo.

El juego consiste en un trabajo en equipo, por lo que si alguno de ellos rompe alguna de las reglas, influirá en el puntaje de todos. Al inicio de cada sesión se especifican los objetivos: finalizar el trabajo académico y no romper las reglas establecidas.

Se explicará al alumnado que, dependiendo de su conducta, existirán consecuencias positivas y negativas. Si el equipo cumple con las reglas establecidas, tendrán una consecuencia positiva (un motivador), pero cuando algún miembro del equipo rompe alguna de las reglas, se pondrá en el tablero una marca que determinará el grupo, ya sea un tache o una "carita triste", para señalar la regla que rompió. El equipo que tenga marca se hará acreedor a un costo.

Conductas a observar

Durante cada sesión se contabilizarán dos tipos de conducta:

- Conductas que rompen reglas. Estos comportamientos pueden ser registrados a través de la lista cotejable y registradas por la psicóloga educativa.
- Conductas que facilitan un ambiente de trabajo cooperativo, como las cuatro reglas sugeridas. En caso de mostrar conducta apropiada la profesora podrá recompensar socialmente, con una sonrisa, un guiño o una señal indicando que todo va bien. Este tipo de reforzamiento social lo podrá realizar aleatoriamente con los integrantes del equipo, poniendo especial atención en el alumnado cuyo comportamiento generalmente es negativo, que no sigue instrucciones, no termina el trabajo académico, molesta a sus compañeros, etcétera.

Participación del profesor

Su función dentro del juego será reforzar las conductas positivas del alumnado. En caso de que la psicóloga educativa sea experta en programas de reforzamiento, esta función la realizará la psicóloga educativa, entregando fichas de colores (un color para cada equipo) como señal de la realización de alguna conducta prosocial. Al finalizar el juego se puede combinar el conteo de marcas que indica conductas negativas y marcas de conducta prosocial para elegir el equipo ganador del día.

Participación de la psicóloga escolar

Se sugiere que la psicóloga educativa coordine la fase de evaluación, desarrollo y seguimiento del juego de disciplina cooperativa.

Durante el desarrollo del juego, la psicóloga identificará al alumnado que rompa reglas, así como reforzará al alumnado que exhibe comportamiento prosocial. Se recomienda que durante el desarrollo de la actividad, la psicóloga intervenga en caso de que algún o algunos alumnos desatiendan el trabajo académico y se motive al alumno para realizar la conducta solicitada.

Registro 5.4. Alumnos que rompen reglas				
Materia: _____ Actividad: _____ Fecha: _____				
Día	Silbar, gritar, cantar, burlarse, comer	Pegar, decir groserías, insultar, pegar, destruir los objetos de otros	Pararse sin permiso, subirse a las sillas, sentarse en la silla de otros	No sacar el cuaderno o libro, no trabajar, no copiar lo del pizarrón
Equipo 1	Anotar el nombre del alumno			
Equipo 2				
Equipo 3				

5.5. Registro de ganador/es de la semana						
Ganador	Lunes	Martes	Miércoles	Jueves	Viernes	Ganador de la semana
Equipo 1						
Equipo 2						
Equipo 3						

Procedimiento general del juego

Paso 1. Determinar la clase en la que se desarrollará la actividad del juego cooperativo, con las especificaciones de materia, horario, competencias, etcétera.

Paso 2. Expresar el objetivo del juego, que es finalizar la actividad con todos los requerimientos necesarios y no romper las reglas.

Paso 3. Expresar las reglas a observar.

Paso 4. Explicar cómo se ganarán los reforzadores y como se perderán.

Paso 5. Durante el desarrollo del juego se anotará en el tablero una señal para el equipo que rompa reglas, al igual que se reforzará socialmente la conducta prosocial.

Paso 6. Lectura del tablero.

Paso 7. Premiar.

Para premiar, se contabilizará el puntaje anotado en el tablero para determinar el ganador, que será el equipo que exhiba menos comportamiento disruptivo y/o agresivo. Puede existir la probabilidad de que los tres equipos ganen en una misma sesión. El equipo o equipos ganadores, deberán tener acceso ese mismo día a los premios y el nombre del ganador se anotará en el tablero. Al finalizar la sesión se declarará el equipo o equipos ganadores. El último día de la semana, se hará un conteo para conocer al ganador semanal.

Nota: se sugiere que el juego se vaya desvaneciendo durante las siguientes diez semanas, para debilitar el uso de reforzadores y lograr que se desarrolle un hábito. Durante las tres primeras semanas se sugiere realizar el juego cotidianamente; la cuarta y la quinta, realizarlo cuatro veces por semana; la sexta y séptima semana, realizarlo tres veces. Y la octava y novena dos veces para que en la última semana se juegue una sola vez.

Sin embargo, se recomienda que cada semana se siga utilizando el mismo reglamento para las actividades, aun cuando los reforzamientos se hayan suspendido, ya que las consecuencias seguirán existiendo, ya que tienen que ser usadas consistentemente para lograr que el alumnado comprenda el costo que tiene romper una regla.

Seguimiento

Una vez finalizadas las sesiones propuestas, se sugiere que la psicóloga escolar desarrolle un seguimiento; es decir, que en clases subsecuentes a las de juego de disciplina cooperativa, se midan las conductas que refieren las reglas establecidas.

Se sugiere que las observaciones se lleven a cabo a la misma hora en las que se realizaron las observaciones de evaluación y las sesiones de la implementación del juego de disciplina cooperativa. En esta fase se deberán aplicar los mismos instrumentos empleados para medir la violencia escolar y bullying.

En escuelas en las que se ha identificado violencia escolar y/o bullying, esta estrategia ha demostrado ser eficaz para la reducción de agresión en el aula escolar, así como para un aumento significativo en la motivación académica del alumnado, principalmente en el que se involucra en situaciones de bullying. Es una excelente estrategia para que el alumnado que normalmente se sale del aula por más de diez minutos para evitar realizar el trabajo académico, se interese por los temas impartidos, aprendiendo durante el juego que es capaz de terminar sus labores sin el rompimiento de reglas. Esta estrategia se ha usado con éxito al combinarla con otras estrategias aquí presentadas.

SEXTA ESTRATEGIA
YO ME CONTROLO: AUTOCONTROL DE ENOJO

COMPETENCIAS

- Competencias para el manejo de situaciones
- Competencias para la convivencia
- Competencias para la vida en sociedad

Objetivo

Esta propuesta invita al niño a aprender nuevas formas de comportarse sin mostrar agresión cuando siente enojo. Estas estrategias se ponen en práctica en el contexto escolar, bajo supervisión de maestros, psicóloga educativa, etcétera.

Características

Las estrategias de autocontrol de enojo, permiten que los niños identifiquen la universalidad de esta emoción presente en todos los seres humanos, debido a que tiene funciones de adaptación y supervivencia. Por lo tanto, lograr expresar enojo sin autolastimarse o lastimar a otros, es una forma de adaptación para los contextos en los que se desarrolla el niño (escolar, familiar o social).

Acciones

- Técnicas de relajación. El alumnado aprende a usar este tipo de recursos en momentos de conflicto, lo que disminuye la probabilidad de peleas físicas o verbales.
- Comunicación asertiva. Expresarse en primera persona y expresar el motivo del enojo sin lastimar a otros, a objetos o a sí mismo.
- Autoinstrucciones. La RIEB, a través de la materia de Español, señala competencias comunicativas estrechamente relacionadas con estrategias de autoinstrucciones. El objetivo de este componente es enseñar a los niños a guiar su comportamiento a través de instrucciones que él mismo se da, identificando pensamientos automáticos negativos, para detenerlos y evitar involucrarse en conflictos.
- Solución no violenta de conflictos.

Cada una de estas estrategias está contemplada en los programas de la materia de Español; Educación Cívica y Ética, y Educación Física. Su empleo es sencillo para el alumnado, demostrándose su efectividad para disminuir los episodios de autoagresión, agresión hacia otros o hacia los objetos; especialmente en casos de niños violentos y/o con perfil de bully (Mendoza, 2010b).

Desarrollo de las acciones

El componente de autocontrol de enojo, se dirige a producir un cambio de conducta individual. Tiene como objetivo enseñar la conexión directa que existe entre su comportamiento y el impacto que provoca en su ambiente con la resolución violenta de situaciones que se presentan en el aula escolar (Mendoza, 2002).

Esta estrategia incluye el uso de técnicas de relajación, de comunicación asertiva –reconocer y expresar emociones sin lastimar a otros– y solución no violenta de conflictos. Esta propuesta invita al niño y a la familia a aprender nuevas formas de comportarse para evitar exhibir agresión cuando siente enojo. Estas estrategias pueden llevarse a cabo en la escuela y en la casa en compañía de los padres, realizando juntos técnicas de relajación, comenzando por aprender a respirar de tal manera que automáticamente la respiración le brinde un estado de tranquilidad. Esta estrategia ha mostrado su efectividad para disminuir los episodios de auto agresión, agresión hacia otros o hacia los objetos (Mendoza, 2010b).

Técnicas de relajación

En la Reforma Integral de Educación Básica (RIEB), se establece el empleo de técnicas de relajación en el aula escolar, como una competencia a desarrollar a través del programa de Educación Física. La relajación facilita el autocontrol, reduce el estrés, mejorando la percepción que tiene el niño de sí mismo, en relación con su eficacia para afrontar situaciones difíciles en la vida cotidiana.

La relajación tiene como meta enseñar al alumnado a afrontar situaciones estresantes, a través de técnicas que son fáciles de usar, como estrategias de relajación progresiva con tensión y sin tensión, relajación con visualización, entre otras.

Las técnicas de relajación proveen autocontrol, en la medida que se aplica el procedimiento cotidianamente, por lo que se sugiere que los padres de familia acompañen a su hijo en el desarrollo de estos ejercicios. Incluso, se ofrecen registros diseñados para que el padre pueda organizar las sesiones de relajación con su hijo.

Ejemplo de relajación en el aula escolar

El profesorado o el psicólogo educativo pueden llevar a cabo sesiones en el aula, guiando al alumno de la siguiente forma: Solicitar que se siente en la silla, colocando su espalda sobre el respaldo, sin tensar piernas, pies o brazos; sus manos podrá colocarlas en los muslos, siendo esa postura el comienzo de la relajación.

Paso 1

Solicitar al alumnado que respire tomando aire desde el estómago y expulsándolo lentamente. Para practicar pueden emplear globos: inflarlos jalando aire desde el estómago.

Paso 2

Técnica tensión-relajación (Mendoza, 2010b). Consiste en tensar y relajar cada parte del cuerpo que se nombre. El guía de la sesión solicitará que pongan lo más duro que puedan sus manos –máxima tensión– y que luego las ponga flojitas; explicará que llevará el ejercicio a través de números: el cinco significa que deberá poner la parte del cuerpo mencionada en su máxima tensión; el número cuatro indicará que los músculos siguen tensos, pero en menor grado; el tres indica disminuir la tensión; el dos es una instrucción para relajar los músculos poco a poco; y el uno significa que los músculos se encuentran completamente relajados. Se sugiere que realicen la actividad con distintos segmentos del cuerpo: cara –frente, ojos, nariz, boca, mandíbula–; cuello y espalda; brazos, manos y dedos de las manos; pecho y estómago; cadera, piernas; pies y dedos de los pies; y habrá otra actividad que incluya todo el cuerpo.

SOLUCIÓN DE PROBLEMAS

La RIEB enumera competencias para la vida que deben fortalecerse en el aula escolar dos de ellas se relacionan con este componente ya que implica competencias para: la convivencia y la vida en sociedad, ambas dirigen enseñanzas que permitan aprender a convivir en armonía, ser tolerantes, tomar decisiones y actuar conforme los valores y normas sociales; por lo que esta estrategia podrá ser un apoyo en el aula escolar.

La meta en este apartado, es capacitar al niño para que afronte situaciones conflictivas sin violencia; que aprenda a descomponer un problema en partes más pequeñas, identificando el evento que desencadenó el conflicto, la forma de afrontarlo, así como las consecuencias positivas y negativas relacionadas con su forma de reaccionar ante el problema.

Aquí se requiere también el acompañamiento de los padres, por lo que se facilitan hojas de actividades en casa (Mendoza, 2010b), para que el niño pueda lograr este aprendizaje bajo supervisión. El desarrollo de esta habilidad permite modificar aspectos cognitivos; por ejemplo, un niño aprende a modificar la percepción negativa de situaciones conflictivas como "haber perdido una pertenencia y pensar que se la robaron e incluso señalar culpables". También permite modificar las expectativas que el propio niño tiene al enfrentar conflictos con otros compañeros, como al resolver una situación que normalmente resolvía pegando sin agredir, lo hará sentir con mayor capacidad y control sobre las situaciones que antes normalmente se le iban de las manos.

Se trata de que al enfrentar algún conflicto, el niño en compañía con la psicóloga educativa o el profesor, resuelvan la siguiente hoja de actividades:

Describir la situación conflictiva (que hacia el alumno cuando ocurrió el conflicto, en donde estaba y con quien estaba).

Relatar la forma de resolver la situación (¿cómo respondió el alumnado ante el conflicto?).

1. Mencionar los aspectos positivos que obtuvo al reaccionar como lo hizo (en caso de no identificarlos, el psicólogo educativo podrá guiarlo para identificar si reaccionando como lo hizo obtuvo lo que quería, o se sintió mejor).
2. Enumerar los aspectos negativos que obtuvo al resolver la situación como lo hizo (le castigaron, le pegaron, etcétera).
3. En caso de haber resuelto el conflicto de una forma no adecuada (con agresión o huyendo de la situación), estructurar con la guía de la psicóloga educativa una estrategia para resolver la situación sin agresión hacia él o hacia otros.

AUTOINSTRUCCIONES

La materia de Español, señala competencias comunicativas estrechamente relacionadas con estrategias de autoinstrucciones. Un punto importante a desarrollar a través de la educación infantil es que el alumnado aprenda a aplicar los conocimientos obtenidos en la escuela en la solución de problemas que se le presentan en la vida cotidiana. Las autoinstrucciones brindan la oportunidad al alumnado de aprender a guiar su comportamiento a través de diálogos internos que le permitan controlar su comportamiento y tomar decisiones, principalmente en situaciones estresantes.

El objetivo de este componente es enseñar a los niños a guiar su conducta a través de instrucciones que él mismo se da; siendo una estrategia eficaz para disminuir conflictos entre compañeros de escuela.

Una de las herramientas para la disminución de conducta violenta, es enseñar al niño a identificar pensamientos automáticos negativos, porque una vez identificadas será más fácil que el niño aprenda a decirse a sí mismo frases que le eviten involucrarse en conflictos. Además, otra de las finalidades es enseñarle a pedir ayuda para evitar el comportamiento agresivo.

También el niño aprende a descomponer el problema en sus partes para solucionarlo y así desarrollar habilidades de planeación, control y autoreforzamiento.

A los niños bully, la psicóloga educativa podrá guiarlos para que diseñen algunas instrucciones que podrán decirse a sí mismos, para tranquilizarse cuando se encuentren en una situación conflictiva (Mendoza, 2010b); por ejemplo, cuando el alumnado bully perciba que algún compañero le quiso hacer daño, aunque en realidad se presenta alguna situación accidental, algunas frases de autoinstrucciones que puede emplear, son: "mantente calmado", "te empujaron accidentalmente"," respira tranquilamente".

Con respecto al alumnado víctima, la psicóloga educativa podrá guiarlo para enfrentar un conflicto de la siguiente manera: a) respira tranquilamente y realiza los ejercicios básicos de relajación); b) date instrucciones a ti mismo, relaja tu cuerpo, no lo tenses y repite "soy valiente"; y c) decir *no*.

Se sugiere enseñar al alumnado víctima a evitar afrontar la situación conflictiva huyendo o llorando, para ello se sugiere que se le enseñe a mirar a los ojos y decir firmemente: "no te permito que…" Y a solicitar ayuda a un adulto. El psicólogo educativo explicará al niño que expresar "no te permito", mostrará al alumno agresor que ha decidido romper el silencio, por lo que inmediatamente solicitará ayuda a un adulto.

COMUNICACIÓN ASERTIVA

Sin duda alguna la comunicación asertiva se encuentra presente en las competencias que deben ser fortalecidas en materias como Español, Educación Física; Educación Cívica y Ética, así como en Educación Artística, entre otras; porque le permite al alumnado tomar decisiones mostrando libertad, así como respeto y tolerancia hacia los demás.

Enseñar a todos los niños que participan en episodios de bullying a expresar sus emociones sin agredir a otros, sin sentir culpa, sin vergüenza; es decir, siendo asertivo, es el principal objetivo de este componente.

Enseñar a un niño a ser asertivo, significa que aprenda a:

- Decir "no", cuando está en desacuerdo con algo.
- Solicitar lo que necesita de otros niños o a de los adultos.
- Expresar su tristeza sin necesidad de enmascararla; o mostrar su enojo sin que tenga que dañar a otros o a él mismo.
- Externar otras emociones como felicidad, sorpresa, entre otras.
- Hablar en primera persona: "yo siento", "yo opino", "me enoja", "me gusta".

Con respecto al alumnado bully se sugiere enseñarle a expresar frases positivas, ya que regularmente se comunican con sus compañeros a través de frases negativas o lastimándoles, por lo que se recomienda que el psicólogo educativo le enseñe sencillos pasos para comunicarse con otros sin agresión. Es necesario hacer notar que si el niño no pone en práctica cotidianamente la expresión de frases positivas, difícilmente aprenderá a comunicarse asertivamente.

Primer paso: establecer contacto visual

Al comunicarse con otras personas es necesario mirar a los ojos para demostrar que estamos interesados en ella y para demostrar que le estamos poniendo atención.

Segundo paso: expresar una frase positiva

"Gracias por ayudarme", "gracias por haberme prestado tus colores", "gracias por decirme que hay de tarea", "qué bien respondiste", "felicidades por tu calificación en Español".

Tercer paso: sonreír

Expresar que cuando se dice una frase positiva hay que sonreír, para mostrar amabilidad a través de la expresión facial.

Actividad para aprender a comunicar frases positivas

Al inicio de la jornada escolar, el profesor informa a los alumnos que tendrán un reto por cumplir, el cual consiste en expresar tres frases positivas, cumpliendo con los tres requisitos para comunicarlas:

- Mirar a los ojos.
- Expresar la frase positiva (por ejemplo: "Me caes muy bien"; "Te ofrezco una disculpa porque me he portado mal contigo"; "Eres muy simpático"; "Gracias por ayudarme cuando lo necesito").
- Sonreír (al expresar la frase positiva).

El profesor de grupo solicita a los alumnos que expresen frases positivas a niños que no sean sus amigos o con quienes normalmente no conviven, a alumnos a quienes hayan lastimado sin ofrecerles disculpas, o incluso a adultos como el director u otros profesores a quienes les deban alguna disculpa o simplemente deseen expresarles alguna frase positiva.

El profesor indica que antes de culminar la jornada escolar deberán informar cuántas frases positivas expresaron (tomando en cuenta que pueden ser más de tres). Al final, aplica la siguiente ficha de evaluación para obtener información de la experiencia que tuvo cada niño.

Sugerencia para la implementación: se sugiere que se lleve a cabo tres días de la semana durante dos o tres semanas (dependerá del aprendizaje de los alumnos a este respecto).

Es importante que, además, el profesor motive a los niños (especialmente al que exhibe el comportamiento agresivo) a verbalizar estas frases. Por ejemplo, durante el recreo puede preguntarles "¿Cuántas frases positivas has expresado?" y en ese momento solicitarle "¿Qué te parece si en este momento cumples con el reto? Mira a tu alrededor y elige a alguien para expresar tu frase; yo te veo desde aquí". Así los impulsará bajo supervisión y acompañamiento.

Evaluación: Frases positivas

Escuela: _____

Nombre: _____

Grado: _____ Fecha:_____

1. Escribe las frases positivas que expresaste y anota el nombre de la persona que las recibió, por ejemplo:

    Le dije: "¿Me prestas tu goma, por favor?" y le di las gracias (a Mónica) cuando me la prestó

    Frase 1: _____

    _____

    Persona: _____

    Frase 2: _____

    _____

    Persona: _____

    Frase 3: _____

    _____

    Persona: _____

2. Escribe qué sentiste al decir las frases positivas.

    (Por ejemplo: "Me sentí contento porque fueron amables conmigo y me ayudaron")

    Frase 1: _____

    _____

    Frase 2: _____

    _____

    Frase 3: _____

    _____

3. Escribe la forma como te respondieron tus compañeros al decirles las frases positivas.

(Por ejemplo: "Cuando le pedí permiso para pasar en vez de empujarlo, me hizo caso y se hizo a un lado para dejarme pasar")

Frase 1: _____

_____

Frase 2: _____

_____

Frase 3: _____

_____

4. Sabemos que eres honesto/a. Por favor realiza una autoevaluación (subraya para contestar).

Le dije frases positivas:
a) Mirando a los ojos: Sí   No
b) Sonriendo: Sí   No
c) Ellos fueron amables conmigo: Sí   No
d) Me sentí contento al decir la frase positiva: Sí   No

Caso 23
Alumna víctima/bully de tercer grado

Verónica, identificada como víctima/bully –de estatura baja y con sobrepeso–, recibió una intervención en autocontrol de enojo. Era una alumna acostumbrada a dar órdenes a sus padres y compañeros de clase; sin embargo, era lastimada por compañeros varones a quien ella percibía más fuertes que ella.

Con la ayuda, aprendió a identificar las situaciones que la hacían enojar y que tenía que aprender a autocontrolarse para no dar órdenes a los que la rodeaban; y que en los equipos de trabajo tenía que aprender a aceptar las ideas de otros sin burlarse.

Las técnicas de relajación las puso en marcha en lugares como el patio escolar y el aula, dándose cuenta que le ayudaban a que un conflicto no creciera más; estas técnicas le ayudaron también para no burlarse de los profesores.

La comunicación asertiva la practicó principalmente con quien la agredía, por lo que aprendió a decir firmemente: "no te permito que me hables así, no me vuelvas a aventar".

La comunicación asertiva también le ayudó a expresar frases positivas a las personas que le rodeaban, principalmente cuando trabaja en equipo: "¡muy buena idea!", "¡tienes razón, no lo había pensado!"; o simplemente pedir lo que necesitaba sin ordenar, solicitando por favor y dando las gracias. En su casa también tuvo cambios importantes en su forma de comunicarse, por lo que disminuyeron los berrinches exitosamente.

Las autoinstrucciones, las usó de una manera única, ya que se ponía mensajes pegados en la puerta de su habitación, en el espejo de su recámara o en sus cuadernos, recados que le recordaban: "respira", "no te enojes"; "pide ayuda"; "no contestes agresiva"; "escucha, no interrumpas".

El cambio de conducta de Verónica fue notorio, lo que influyó para que muchos alumnos la aceptaran en su aula y ya no la rechazarán.

Séptima estrategia
Yo aprendo: Motivación para actividades académicas

Competencias

- Competencias para el aprendizaje permanente
- Competencias para el manejo de situaciones
- Competencias para la convivencia
- Competencias para la vida en sociedad

Objetivo

El principal propósito es incrementar la motivación para desarrollar actividades académicas y disminuir la motivación para mostrar comportamiento agresivo en el aula escolar.

CARACTERÍSTICAS

Wilson & Herrnestein (1985), señalan que los niños que demuestran comportamiento agresivo en la escuela, no tienen interés por el trabajo académico; por lo tanto, un niño acosador o bully, dedicará menos tiempo a la actividad académica que los niños no acosadores, debido a que el comportamiento de acoso para los bully tiene mayor valor que el comportamiento académico o que el prosocial; y esto se debe a que los niños bullies obtienen más beneficios por el comportamiento agresivo, que por trabajar en clase y hacer la tarea. Lograr que los niños acosadores se interesen por las actividades académicas, es una estrategia que ayudará a reducir los episodios de agresión en el aula escolar.

Con respecto a educación, la investigación clásica, ha demostrado reiteradamente que el alumnado:

- Tiene un mejor desempeño académico cuando se percibe a sí mismo como un estudiante exitoso.
- Pone mayor atención a la tarea en sí, que al tiempo que se le da para desempeñarla; por lo que la motivación para realizar la tarea es necesaria y así el alumno atienda y se involucre en ella.
- El éxito o el fracaso en la escuela, influye para que tenga interés en los trabajos escolares y tareas a desarrollar en casa.
- La aplicación del conocimiento a la vida cotidiana les motivará para aprender.

ACCIONES

Tomando en cuenta lo descrito anteriormente, se proponen algunas estrategias educativas, para ayudar a que los niños que se involucran en episodios de bullying, incrementen su interés y participación en tareas escolares, con la finalidad de desalentar el empleo de conducta violenta:

- Talleres de lectura.
- Aprendizaje cooperativo.
- Análisis de tareas.

Desarrollo de las acciones

1. Talleres de lectura

Para motivar a la lectura, Sastrías (2003) ha desarrollado propuestas como el taller de lectura, cuyo objetivo fundamental es la formación de niños lectores.

Este método usa herramientas como lecto-juegos, a través de los cuales se motiva para que los niños se interesen por la lectura, desarrollando la creatividad, y fomentando su interés por tareas de investigación en temáticas de interés para ellos, como animales salvajes, aves, animales acuáticos, etcétera. El desarrollo de esta propuesta se basa en tres fases:

1ª fase. *Acercamiento a la lectura*

Se utilizan recursos como la narración de cuentos, la expresión corporal –danza, baile, actividades deportivas–; las ilustraciones son una excelente guía de la lectura, que permite que los niños puedan hacer suposiciones de lo que pasará en el transcurso de la lectura. No hay que descartar la ya tradicional estrategia de lectura en voz alta que la ofrece este instrumento de una manera innovadora para los niños.

- Narración oral. Se sugiere preparar un cuento breve y en su lectura conviene usar lenguaje corporal para escenificar algunas partes del cuento; tener cambios de voz, no fijar la vista en una sola persona y dirigirse a todos los oyentes, así como llevar ritmo durante la narración.
- Lectura en voz alta. También se sugiere una lectura breve y, antes de iniciarla, que el profesorado explique el significado del vocabulario que los niños desconocen.

2ª fase. *Comprensión de lo leído*

Promueve también, a través de la propuesta una aproximación para que los niños aprendan a ser críticos de lo que leen, haciendo una invitación a dejar de lado a la *escuela tradicional*, y que aprendan a vivir estrategias de lectura dinámicas, en una ambiente de equidad en el que gocen de libertad para expresarse a través de la expresión verbal, escrita, e incluso corporal y plástica.

En esta fase, el niño deberá tener la confianza de expresar sus opiniones acerca del cuento sin temor a ser reprendido en caso de no dar una respuesta acertada. El profesorado puede realizar preguntas sobre el contenido (destacar puntos principales, resumir la trama por escrito y hacer una reseña a sus compañeros), se recomienda indagar sobre si les gustó o no el texto leído.

Las técnicas empleadas en esta fase es la de lecto-juego, que tiene por objetivo propiciar la comprensión lectora, expresarse y opinar sobre el cuento oral y por escrito a través de actividades lúdicas que se desarrollan al terminar la lectura permitiendo al profesorado identificar si los niños comprendieron.

3ª fase. *Consolidar el interés y utilidad de la lectura*

El objetivo de esta fase es lograr que el alumnado por sí mismo decida leer, disfrutar y aprender, a través de la lectura de su elección.

Para lograrlo se sugiere tomar en cuenta la diversidad de los alumnos, pues algunos de ellos han tenido contacto con una serie de textos en toda clase de folletos, periódicos, internet, etcétera, mientras que otros alumnos no tienen contacto con textos, salvo los que les muestran en la escuela, por lo que es necesario no seguir ninguna metodología rígida, siempre hay que adaptarse a las necesidades del alumnado.

Se recomienda preguntar a los niños sobre los temas acerca de los que les gustaría leer. Una vez que el alumnado realizó la lectura, se puede detonar una actividad dinámica y colectiva, que facilite la socialización y la convivencia. Que el alumnado se sienta libre de expresar oral y por escrito lo que entendió sobre la lectura, sus reflexiones y sus críticas.

Para reforzar esta fase se recomienda que el alumnado, recurriendo a los libros de la biblioteca escolar, se lleven un cuento a su casa, una vez por semana, para que lo lean a sus familiares, llevando un control de la lectura a través de una pequeña ficha que deberán llenar con no más de cuatro preguntas generales sobre el cuento. Esta actividad deberá ser supervisada por los padres.

La motivación por la lectura es una estrategia que se emplea para motivar al alumnado a sentirse interesado por aprender, disfrutar del aprendizaje y usarlo en su vida para resolver problemas cotidianos, brindándoles una oportunidad para crear el hábito de la lectura y elegirla antes que la agresión.

Actividades sugeridas

"Todos construimos un cuento"

Sinopsis: El objetivo de la actividad es que juntos, como equipo, desarrollen un cuento. Alumno por alumno lo construirán y el reto consiste en que cada uno lo haga coherentemente, con base en la aportación del alumno anterior.

El cuento se construirá en tres rondas: primera, para dar inicio; segunda, para desarrollar el "nudo" del cuento, y tercera, para dar cierre.

Pasos para el desarrollo

- Se organiza al grupo en equipos heterogéneos de cuatro alumnos, cada uno de los cuales llevará un cuaderno, lápiz o pluma y goma.
- Se nombra el rol que desempeñará cada integrante: tres alumnos organizarán el tiempo y los turnos (un alumno para cada ronda). Es decir, cada uno de los alumnos en su ronda dirá "detente" a sus compañeros cuando estén narrando el cuento (se sugiere dar protagonismo positivo a un alumno agresivo), mientras que el cuarto alumno escribirá las ideas principales que se aporten en cada ronda.
- El profesor da las instrucciones: "Cada equipo va a construir un cuento. Lo harán en tres rondas: en la primera cada integrante dará comienzo al cuento, en la segunda dará el "nudo" del cuento y en la tercera construirá el final". El profesor explica que en cada ronda un alumno dirá "detente" a cada participante, y el reto será que el siguiente alumno dé continuidad a la construcción de la historia (con base en lo expresado por el alumno anterior).
- El profesor solicita a cada equipo que designe a un compañero, que será quien arranque con el inicio del cuento (pide que levanten la mano, para asegurarse de que cada equipo haya elegido al alumno que comienza).
- El profesor o especialista comienza el cuento expresando en voz alta: "Había una vez un grupo de niños, alumnos del … grado de la escuela

… Se encontraban jugando en el bosque y…" El profesor solicita que el alumno designado para iniciar continúe construyendo la historia.

- Cada equipo comparte en plenaria el cuento que construyeron juntos.
- Por último, cada alumno evalúa la dinámica en la ficha correspondiente.

"Compartiendo y leyendo"

Sinopsis: Esta estrategia se desarrolla en pares (heterogéneos; se sugiere que no sean amigos, el profesor/a los distribuye). Cada par de alumnos elige un libro de la biblioteca del aula (los niños lo escogen, no se decide por ellos) y uno de ellos comienza a leerle a su compañero por periodos de tiempo establecidos por el profesor.

Pasos para el desarrollo

- El profesor distribuye al grupo en pares.
- Si es necesario que los alumnos cambien de lugar mientras se realiza la dinámica, se pide permiso al profesor/a.
- Cada par toma un libro de la biblioteca del aula, tomando la decisión rápidamente para evitar conflictos entre sus miembros. Se sugiere apilar los libros y ofrecerlos a cada una de las filas, para que los alumnos decidan en seguida.
- Se dan instrucciones claras. Por ejemplo: "Tienen en sus manos un libro que irán leyendo en parejas. Decidan quién será el alumno A, y quién el alumno B. Levante la mano el alumno A, que será quien comience a leerle a su compañero; ahora levante la mano el alumno B. Cuando yo diga "Ahora lee el alumno A", ese alumno empezará a leer.

  "Abran su libro e identifiquen la primera página que puedan leer; es decir, si en su libro hay dedicatorias, índice y prólogo, pasen esas secciones para llegar a la primera página del cuento.

  "¿Están listos todos?"

  "Ahora el alumno A le leerá al alumno B, por un breve tiempo. Cuando yo diga 'TIEMPO', en ese momento el alumno que lee, le señala a su compañero con el dedo el lugar en el que se quedaron para que continúe leyendo, y así sucesivamente.

- Al final cada alumno evalúa el trabajo con la ficha de evaluación que aquí se presenta.

LECTURA

Escuela: _____

Nombre: _____

Grado: _____ Fecha: _____

1. Explica ¿por qué te gustó la lectura?

    a) Pude elegir el libro

    b) Estaba atento en los cambios de turno

    c) Me divertí

    d) El libro es interesante

    e) Me prestaron atención cuando leí

    f) Mi compañero me enseñó a leer mejor

    g) Aprendí algo nuevo

    Escribe otra razón: _____

    _____

2. Dime ¿qué aprendiste con la actividad?

    _____

    _____

    _____

    _____

3. Subraya tres aspectos de tu comportamiento que utilizaste para pasar un "buen rato" leyendo con tu compañero.

    a) Escuché   b) Sonreí

    c) Le enseñé a   d) Le señalé "dónde
        leer mejor   me había quedado"

    e) No me enojé   f) Le tuve paciencia

    g) Le traté bien   h) Le puse atención

    i) Procuré leer bien
       para que me entendiera

    j) Otro: _____

Por favor dile a tu compañero de lectura una frase positiva.

2. Aprendizaje cooperativo

Es una innovación educativa cuya aplicación e investigación ha sido ampliamente desarrollada por Robert Slavin. En Madrid, la investigadora María José Díaz Aguado, la ha empleado con gran eficacia para intervenir en episodios de bullying y violencia escolar en secundarias.

Esta forma de trabajo ofrece oportunidad al alumnado de poner en práctica algunas conductas prosociales como la cooperación, la tolerancia, la comunicación asertiva y, en general, la relación con compañeros que tienen puntos de vista diferentes al de él. Debido a que la disminución de conductas de bullying en el aula escolar, implica estar trabajando para mejorar la convivencia en el día a día, se ofrece esta opción para realizar actividades académicas; al mismo tiempo que se desarrollan aspectos transversales, como las competencias para la vida como respeto y aprecio de la diversidad; comprensión y valoración de la democracia, entre otras.

La esencia del trabajo mediante aprendizaje cooperativo es la formación de grupos con base en la diversidad; gracias a esta diversidad –hombres, mujeres, alumnado con diferentes ritmos de trabajo o habilidades sociales, entre otras–, se brinda la oportunidad al niño que maltrata a otros alumnos a practicar el respeto, la tolerancia, la cooperación, así como el trabajo en equipo en beneficio del grupo. El niño que exhibe comportamiento agresivo, practica en los pequeños grupos de trabajo, una serie de conductas prosociales, que le ayudarán a relacionarse con sus compañeros de grupo sin agresión.

El trabajo que se hace en equipo, a través del aprendizaje cooperativo, estará supervisado cercanamente por maestro y psicóloga educativa, por lo que se reduce la oportunidad de que algún compañero maltrate o abuse de otros. Sin embargo, lo más importante es que este tipo de actividad, motiva al alumnado –principalmente al niño bully–, a centrarse en el trabajo académico, haciéndole sentir que es importante su aportación y participación en el grupo.

El profesorado y la psicóloga educativa, tendrán como fin mantener un ambiente de equidad y respeto mutuo. A través de la organización en pequeños subgrupos, el docente enseñará que el comportamiento de cada uno, afectará el resultado grupal. La participación del profesorado y del psicólogo educativo es fundamental en esta manera de avanzar académicamente, acompañando al alumnado en su proceso enseñanza-aprendizaje.

Una de las características fundamentales en el aprendizaje cooperativo, es la formación de grupos heterogéneos que permiten la inclusión del alumnado tomando en cuenta la diversidad de género, etnia, capacidades intelectuales, religión, habilidades sociales, etcétera; evitando la exclusión y abonando a que el alumnado acosador o bully ejerza su poder para beneficiar a sus compañeros con el desarrollo de empatía a través del trabajo cotidiano.

Formación de equipos

El docente, en compañía de la psicóloga escolar, podrán determinar quiénes son los niños líderes, tímidos, así como los de mayor y menor avance académico; los que exhiben conducta violenta y los niños a los que se "traen de bajada"; o los que lloran y huyen en los conflictos, aunque justo están ahí cuando hay problemas.

Tomando la diversidad como parámetro, se pueden formar grupos de cuatro alumnos (máximo cinco), con las siguientes características: Un alumno líder; un alumno con déficit en habilidades sociales –que tenga pocos amigos o que sea un niño rechazado–, un alumno con alto rendimiento académico y otro con bajo, y será interesante observar cuando un mismo alumno cumpla con dos características. Se deberá cuidar el balance en el género, incluyendo un número similar de hombres y mujeres. Para grupos de secundaria y bachillerato se sugiere que no se integren en el mismo equipo a jóvenes que entablan una relación romántica, debido a que podría afectar el trabajo grupal y el trabajo académico quizá se vea afectado.

Papel que desempeñan los alumnos en los grupos heterogéneos

Para que cada alumno aprenda a trabajar en beneficio de los demás, se sugiere que cada alumno desempeñe un rol que será rotativo. Los roles que se sugieren pueden ser adaptados a la experiencia del profesor y a las necesidades y contexto educativo.

- Supervisor. Está al pendiente de que la tarea se desarrolle con los límites de ruido adecuados, en el tiempo establecido y se asegura que cada persona cumpla con su papel.
- Portavoz. Toma nota de las participaciones de los integrantes, del resumen de la tarea realizada y de las conclusiones a las que se llega-

ron. Pregunta al maestro cuando no se entiende algo y comunica los resultados del trabajo en equipo al resto de la clase.

- Observador. Se asegura de que todos los miembros del subgrupo desarrollen su propio papel, pregunta al equipo acerca del cumplimiento de los objetivos propuestos, en función de lo cual complementa fichas de trabajo o autoevaluación, fichas previamente elaboradas por el docente para evaluar la actividad.
- Coordinador de la tarea. Controla el cumplimiento de los pasos definidos para la realización de la tarea, hace preguntas para comprobar que se ha entendido lo más importante, coordina los turnos de palabra.

Temporalidad

Se puede realizar una actividad cotidiana, empleando los grupos de trabajo organizados, sin embargo no es aconsejable que se use toda la jornada académica. El docente decide la temporalidad cuando usar el aprendizaje cooperativo, de acuerdo a su planeación. Y que la actividad durante la clase tenga una duración de treinta minutos o una hora.

Se sugiere que los profesores usen la siguiente ficha de evaluación en por lo menos tres de las actividades desarrolladas con aprendizaje cooperativo.

APRENDIZAJE COOPERATIVO

Escuela: _____

Nombre: _____

Grado: _____ Fecha:_____

1, ¿Por qué te gustó la actividad? (Subraya la respuesta.)

    a) Tuve un "papel importante" que hacer en el equipo

    b) Todos trabajamos

    c) Terminamos el trabajo

    d) Entendí el tema y casi nunca le entiendo

    e) Me divertí y aprendí al mismo tiempo

2. ¿Todos participaron en el trabajo en equipo? ¿Cómo?

_____

_____

_____

_____

3. Subraya tres comportamientos que hayas puesto en práctica, para trabajar en equipo:
   a) Hice lo que me correspondía
   b) Aporté ideas al grupo
   c) Expresé mis dudas
   d) No rompí reglas
   e) Seguí las instrucciones
   Otro: _____

   Por favor diles a tus compañeros de equipo una frase positiva.

3. Análisis de tareas

Enseñar, paso a paso, tiene como objetivo incrementar la motivación académica en el alumno –generando atención positiva por parte del profesor–, para disminuir su motivación por maltratar a otros compañeros. Es una estrategia exitosa cuando se usa con alumnado bully, víctimas y víctimas/bully.

La estrategia busca conseguir que un trabajo escolar, como la lectura de un texto, contestar un examen o las tareas en casa, se descompongan en pequeños pasos, para que el alumno vaya desarrollando cada uno de ellos poco a poco, y así brindar múltiples oportunidades de éxito, en lugar de tener sólo una, que sería la entrega de la tarea final. Esto evita que el alumnado que no se siente motivado para el trabajo académico, no logre ningún éxito, debido a que no entregaron a tiempo la tarea, la entregaron incompleta o entregan algo diferente a lo solicitado.

Los pasos que se tienen que complementar para hacer la tarea, tienen un nivel de dificultad ascendente. Se sugiere que cada paso de la tarea sea medible; es decir, que vaya siendo supervisado en la entrega de un producto, facilitando de esta manera que el docente pondere el progreso del alumno, le brinde retroalimentación, ayudándolo para que logre resolver con éxito la tarea, paso a paso; lo refuerce y valore su participación.

Esta manera de estudiar, permite que el niño con baja autoestima cambie su percepción de sí mismo al superar retos escolares. Permite que el niño aprenda a organizarse, a planear y a cumplir metas, siguiendo un pequeño plan de trabajo.

En esta estrategia se sugiere seguir los siguientes pasos:

1. Especificar la tarea que se debe cumplir (meta final).
2. Identificar todos los pasos que se tienen que hacer para cumplir la tarea y ordenarlos jerárquicamente.
3. Establecer con el alumno la calendarización de la entrega de un producto por cada paso que implica la tarea.
4. Enseñar al alumno la habilidad necesaria para entregar el producto, en caso de necesitarlo.
5. Solicitar al alumno la entrega de cada producto en tiempo y forma.
6. Retroalimentar el producto entregado.
7. Supervisar que la entrega de cada producto sea con base en el calendario, para cumplir con la entrega o meta final.

El cumplimiento de cada paso, permite al psicólogo educativo y al profesorado, asegurarse de que el alumno va a llegar a la meta final, lo que a su vez promueve su interés en actividades escolares, así como le brinda la oportunidad de cambiar la percepción que tiene de sí mismo en cuanto a su auto eficacia, al darse cuenta que puede cumplir con las tareas y trabajos académicos establecidos.

A continuación se brinda un ejemplo de esta estrategia, aplicado a una actividad propuesta en el libro de español para quinto grado (RIEB).

Análisis de tareas	
1. Especificar la tarea que se debe cumplir (meta final).	Bloque 1. Proyecto: Anuncios publicitarios. Completar el cuadro de la p. 29. Libro español quinto grado.
2. Identificar todos los pasos que se tienen que hacer para cumplir la tarea (ordenarlos jerárquicamente).	• Seleccionar cinco anuncios en radio, televisión o prensa escrita. • Recortar o grabar los anuncios. • Leer, oír o ver los anuncios con atención. • Describir cada anuncio en un cuaderno (producto que se anuncia, frases e imágenes para anunciarlo, propósito del anuncio). • Hacer un cuadro en el cuaderno. • Organizar la información recabada en el cuadro.
3. Establecer con el alumno la calendarización de la entrega de un producto para cada paso que implica la tarea (podrá apoyarse en la psicóloga educativa) y retroalimentar cada entrega.	Si el profesor establece como plazo tres días (tardes escolares) para hacer la tarea, se hace la siguiente calendarización: Día 1 • Identificar cinco anuncios en radio, televisión o prensa escrita. • Recortar o grabar los anuncios. Día 2 • Leer o ver los anuncios con atención. • Describir cada anuncio en un cuaderno (producto que se anuncia, frases e imágenes para anunciarlo, propósito del anuncio). Día 3 • Hacer un cuadro en el cuaderno. • Organizar y escribir (en el cuadro) la información recabada.
4. Enseñar al alumno la habilidad necesaria para entregar el producto (en caso de necesitarlo).	1. Guiar al alumno para que se busque en casa periódicos o revistas, o que solicite apoyo a sus padres para grabar cinco comerciales (los que sean atractivos para él); en caso de recortarlos que los guarde en un solo fólder. 2. Que describa las imágenes, la música y la trama del anuncio. Que describa el producto y el objetivo del anuncio. 3. Contar con los materiales necesarios para hacer un cuadro en su cuaderno (regla, colores). 4. Leer con atención sus descripciones para que organice en el cuadro lo que identificó en los anuncios.

5. Solicitar al alumno la entrega de cada producto en tiempo y forma.	El profesor solicita el producto de acuerdo a la calendarización.
6. Retroalimentar el producto entregado.	Revisar cada pequeña entrega, en tiempo y forma. En caso de que se tenga que corregir algo, se deberá hacer; si lo entregó bien, el profesor reforzará al niño su esfuerzo: felicitar, expresar frases positivas que recalquen el buen cumplimiento..
7. Supervisar que la entrega de cada producto sea con base en el calendario, para cumplir con la última entrega (meta final).	El profesorado retroalimenta la tarea entregada, resaltando que fue entregado completo, en la fecha solicitada y mostrando un buen desempeño en su trabajo.

El siguiente registro se recomienda que se llene en acompañamiento del profesor, quien al elegir una actividad (que tendrá un porcentaje importante en la calificación del alumno), podrá planear el desarrollo de la misma tanto en el aula escolar (con todo el grupo), como las tareas en casa.

Registro 7.1. Enseñando paso a paso: análisis de tareas
Profesor/a_____ Fecha: _____ Grupo: _____

	Acciones a realizar para cada rubro	Fecha de entrega
1. Especificar la tarea que se debe cumplir (meta final).		
2. Identificar todos los pasos que se tienen que seguir para cumplir la tarea y ordenarlos jerárquicamente. El primero es copiar las instrucciones y tener el material (libro, cuaderno); material a utilizar: comprar el periódico o una revista, o pinturas, etcétera.		
3. Establecer con el alumno la calendarización de la entrega de un producto para cada paso que implica la tarea (podrá apoyar la psicóloga educativa) y retroalimentar cada entrega.		

4. Enseñar al alumno la habilidad necesaria para entregar el producto (en caso de necesitarlo).		
5. Solicitar al alumno la entrega de cada producto en tiempo y forma.		
6. Retroalimentar el producto entregado.		
7. Supervisar que la entrega de cada producto sea con base en el calendario, para cumplir con la entrega final (meta final).		

OCTAVA ESTRATEGIA
YO ME QUIERO: AUTOESTIMA

COMPETENCIAS

- Competencia para el aprendizaje permanente
- Competencia para la vida en sociedad

OBJETIVO

El profesorado contribuirá a fortalecer el valor que el alumnado se da a sí mismo, a través del monitoreo de su trabajo en clase, ofreciéndole estrategias diversificadas para comprender lo enseñado y finalizar sus trabajos escolares, reduciendo las barreras de aprendizaje presentadas en el contexto áulico.

CARACTERÍSTICAS

La autoestima implica, entre otras competencias, sentir empatía, tomar decisiones, expresar lo que se piensa y siente, evitando lastimar a otros; responsabilizarse de su conducta; aprender a elegir; tener la capacidad para establecer metas e implementar un plan para lograrlas –conforme a su edad y sus capacidades–; usar el poder para compartir, ayudar y relacionarse positivamente con sus pares; identificar sus fortalezas y emplearlas al máximo para resolver problemas cotidianos.

La construcción de autoestima es de fundamental importancia para disminuir el riesgo de que los niños se involucren en situaciones de violencia y bullying, ya que a partir del valor y amor que se tengan a sí mismos, podrán construir relaciones basadas en el respeto mutuo, empatía, tolerancia, rechazando las creencias falsas con las que se identifican la mayoría de los bullies: "el poder se usa para abusar de otros y para obtener lo que se desea a muy bajo costo".

Un niño bully podría llegar a pensar que no es importante para los adultos que lo rodean; puede dolerse, incluso, por pasar desapercibido, por lo que busca captar la atención a través de su comportamiento agresivo, que sin duda cumple con una función importante: ser atendido y ser protagonista.

La construcción de autoestima positiva, implica incrementar la competencia social del alumnado, posibilitando ampliar su red social para tener más amigos; desarrollar empatía, tomar decisiones, entre otras competencias.

Es muy importante que los padres de familia y en general los adultos que tienen a los niños a su cargo, les brinden cotidianamente la oportunidad de elegir, de tomar decisiones, de expresar lo que sienten con respeto hacia los demás, así como ayudarles a que cumplan con sus metas.

Acciones

- Reconocimiento del comportamiento positivo de los alumnos. En especial del alumno que generalmente rompe reglas y exhibe comportamiento violento.
- Comunicación asertiva. Crear oportunidades para que el alumnado bully o víctima, se comunique en primera persona, reconociendo sus propios sentimientos y respetando el comportamiento positivo de otros, ya que generalmente les cuesta esfuerzo reconocer los talentos de otros compañeros.
- Distribuir el liderazgo. El alumnado bully y víctimas, necesitan ser reconocidos por mostrar comportamiento prosocial (ayudar, cooperar, tolerar). El profesorado generalmente tiene tareas cotidianas que

le asigna a un mismo alumno, como dar un mensaje a la directora, apoyarlo para dar alguna instrucción a otros compañeros, etcétera. Este tipo de tareas deben ser rotativas, de manera que todos los alumnos puedan participar, evitando que el profesorado marque preferencias por determinados alumnos.

- Atender a la diversidad. Permite que cada niño se sienta valioso por lo que hace, piensa y dice, de acuerdo a sus capacidades; por lo que se sugiere evitar hacer comparaciones entre alumnos y adaptar la enseñanza conforme las necesidades de cada uno.

- Mostrar buen trato hacia el alumnado. El profesorado es, sin duda, un modelo y guía importante para el alumnado; es un ejemplo de sabiduría, capacitado además para brindar apoyo y confianza; y esto se desvanece cuando el profesorado emplea calificativos negativos hacia sus alumnos o muestra cualquier otro comportamiento que le cause daño.

DESARROLLO DE LAS ACCIONES

La construcción de autoestima no es una receta de cocina sino una construcción cotidiana que sin duda debe involucrar a la familia y la escuela –padres de familia y profesorado–, donde pueden diariamente facilitar a los niños tareas que les ayuden a fortalecerla. Evidentemente, el empleo de maltrato para educar destruye la autoestima de ambos, tanto del adulto como del alumno.

ESTRATEGIAS EN EL AULA PARA FORTALECER LA AUTOESTIMA EN EL ALUMNADO

a. Reconocimiento del comportamiento positivo

Valorar el comportamiento positivo de los niños es una forma de construir la autoestima. Generalmente, el comportamiento negativo de niños agresivos, es el único que llama la atención, por lo que se percibe a estos niños con una gran dificultad para comportarse adecuadamente. Sin embargo, aunque difícilmente muestran buena conducta, alguien lo notará, por lo que se sugiere comenzar en cada asamblea escolar por expresar un comportamiento positivo que cada niño tuvo durante la semana. En la primera ocasión, la profesora puede comenzar para poner el ejemplo de la dinámica; y a partir de la segunda asamblea escolar, cada niño comenta al compañero sentado a su izquierda, alguna frase como las siguientes.

En el cuadro se muestra una frase en primera persona, mostrando una emoción buena e indican la conducta positiva de su compañero, ejemplo:

Frase en primera persona Señalar emoción	Describir el comportamiento positivo del compañero que tienen sentado a su izquierda
Me gustó mucho	Carlos ayudó a María cuando se resbaló y no se burló de ella.
Me sentí bien	María pasó al pizarrón para realizar el ejercicio de Matemáticas que la maestra nos dejó.
Me alegré mucho	Camila ganó la carrera en un ejercicio de Educación Física.

Esta estrategia además permite que el alumnado practique comunicación asertiva: a) hablar en primera persona reconociendo sus propios sentimientos; b) reconociendo el comportamiento positivo de otros; y c) describiendo el comportamiento positivo que muestra alguno de sus compañeros.

Otra estrategia que puede emplearse, en el inicio de alguna actividad, es que cada niño exprese con una sola palabra alguna cualidad que le describe, por ejemplo: "Yo soy dinámico". "Yo soy amigable". "Yo soy honrado".

Existirán alumnos que tengan grandes dificultades para expresar alguna cualidad sobre sí mismos, y probablemente se describan negativamente, o pueden decir: "Me gusta tener amigos, pero no le caigo bien a nadie"; "no tengo nada bueno porque dicen que me porto mal y nunca saco buenas calificaciones"; con estos alumnos el profesor puede aprovechar la ocasión para expresar dos cualidades positivas en él, y pedirle que también busque alguna otra.

Esta actividad permite desarrollar autoestima y practicar la comunicación asertiva: expresando opiniones en primera persona y describiéndose a sí mismo.

Reconocer el comportamiento positivo significa que se elogie al alumno cuando muestre comportamientos aceptados en el aula escolar, como comenzar a trabajar, hacer preguntas, levantar la mano para participar, seguir instrucciones, relacionarse con sus compañeros sin pegar. Es necesario hacer notar que cualquier niño agresivo, muestra cinco minutos de buen comportamiento, por lo que se invita al profesorado a elogiar estas buenas conductas, para que después sean diez o veinte minutos de buen comportamiento y así sucesivamente. Lo que se plantea es enseñar al alumno a llamar la atención del profesor pero cuando exhiba comportamiento deseable.

b. Comunicación asertiva

La comunicación asertiva usada para disminuir episodios del bullying en el aula escolar, da excelentes resultados cuando el profesor y psicólogo educativao, la usan para fortalecer a las víctimas y debilitar el poder negativo que usa el alumno bully o el secuaz.

Caso 24
Alumna de primer año de secundaria

En un aula de primer año de secundaria, una alumna amenaza a otras, las insulta y agrede con la mirada; a una de ellas ya la había amenazado con arma blanca.

Se tuvo una entrevista con la alumna identificada como secuaz –en su aula hacía dos meses que se habían implantado estrategias contra el bullying–, quien aceptó que sí agredía a algunas alumnas, se comprometió a ya no hacerlo y aceptó recibir alguna sanción en caso de seguir insultando o amenazando a sus compañeras; aceptó ofrecer una disculpa y expresarles su propuesta para cambiar, que eran: no amenazarlas con la mirada o insultos; saludarlas amigablemente; no hacer caso de rumores que provocaran fricciones entre ellas; y no aceptar ser manipulada por la alumna bully que guiaba a la "banda".

Usar la comunicación asertiva entre ellas ha sido una estrategia eficaz para disminuir el uso de agresión entre ellas (Mendoza, 2010b).

---

c. Distribuir el liderazgo

La distribución del liderazgo puede realizarse directamente con el alumno bully o con la víctima; puede escogerse una tarea que implique responsabilidad y también aceptación social, como ser protagonista en una ceremonia cívica escolar (frente a toda la escuela, profesorado e incluso padres de familia), exponer un tema en clase, abriendo esta oportunidad únicamente para el alumno bully o víctima. Debe aclararse que este tipo de actividades deberán cumplir con ciertos requisitos:

- Supervisar cercanamente, por parte del profesor, con el objetivo de que el niño logre la destreza necesaria para llegar a la meta planteada.
- Manejar la actividad como una oportunidad para fortalecer la autoestima del niño, no como castigo. Se ha detectado que si se le brindan oportunidades para ser protagonista a un niño –demostrando tolerancia, respeto, apoyo y cooperación hacia otros– de comportamiento agresivo, se fortalece la relación con el profesorado y alumnos.
- Realizar un plan de actividades y ayudarle para que lo cumpla.
- Expresarle que él podrá cumplir con la meta, y que cuenta con el apoyo del profesor para lograrlo.

d. Atender a la diversidad

Atender a la diversidad permite que cada niño se sienta valioso por lo que hace, piensa y dice, de acuerdo a sus capacidades, por lo que se sugiere:

- Evitar hacer comparaciones entre el alumnado, expresando que uno tiene más cualidades que otro.
- Adaptar la enseñanza conforme las necesidades de los niños que, debido a sus características, se distraen fácilmente o tienen dificultades académicas; o simplemente están mas motivados para conversar que para hacer el trabajo en clase.
- Reconocer si el profesor se da cuenta, con total honestidad, la existencia de algún alumno que por razones "aparentemente desconocidas" le parezca desagradable, por lo que su trato con él es hostil.
- Identificar a alumnos que constantemente rompen reglas y revisar el trato hacia ellos, analizando: cuando se rompe alguna regla, ¿le

culpo y le castigo sin averiguar lo que ocurrió?; no digo nada porque ya me tienen cansada y no sirve de nada hablar con ellos; "es difícil identificar quién dice la verdad, por lo que castigo a todos los que están involucrados en el conflicto o averiguo lo que ocurrió y trato de ser objetiva para dar una consecuencia a quien haya roto una regla".

- Revisar nuestro comportamiento hacia el alumnado. Cuando un niño acusa a otro que tiene fama de dar "más lata": ¿hago caso al primero que acusa sin averiguar lo que ocurrió? ¿Escucho a ambos, pero termino por castigar al que siempre se porta mal? ¿Les digo que como se llevan muy pesado, "ahora se aguaten los dos" ¿Averiguo lo que ocurrió, apoyándome en otros alumnos?

- Reflexionar la postura académica. Cuando no entienden un tema no me detengo porque no tiene caso invertir tiempo en ellos. No les dejo ejercicios extras porque no los van hacer. Lo castigo para ver si así aprende a poner atención. Les atiendo de forma individual y le explico lo que no entendió.

El cuestionario anterior también le permitirá al profesorado identificar si se comporta de forma justa con el alumnado o no.

e. Mostrar buen trato hacia el alumnado

Si se rompe la confianza entre profesor y alumno a causa del maltrato del primero, se pierde el respeto y los alumnos buscan vengarse, usando unas de sus principales "armas", que son: no seguir instrucciones, desplegar comportamiento disruptivo, como levantarse, conversar, interrumpir la clase, entre otros. Por lo que se sugiere que el profesorado revise las palabras que emplea, principalmente para disciplinar.

- Evitar toda clase de amenazas o frases que incluyan las palabras: nunca, siempre, todo, nada, pues sabemos que un alumno, durante una jornada académica, algo hará bien o aproximado a lo que se le solicita.
- Eliminar frases sexistas, como: "lloras como niñita", "aguántate como los hombres" o "las mujeres no sirven para hacer esta actividad".
- Eludir frases que lo lastimen, como: "ya lo sabía, pero si ya lo sabía… "si *siempre* lo haces mal". "Deberías aprender de tu hermana, ella era estudiosa" "¡Desaparécete de mi vista! ¡Ya… vete!"

- No usar frases que inciten la violencia, como: "si te pegan, pega", pues esta frase los niños la interpretan como "el maestro nos dio permiso de pegar" y genera un ambiente de injusticia y falta de protección, al igual que la frase "si te llevas, te aguantas", que los alumnos interpretan como "el profesor no nos cuida y nos da permiso de pegarnos".
- Tampoco utilizar frases de evasión: "no anden acusando, resuelvan sus problemas solos, no me quiten el tiempo".

ACTIVIDADES EN EQUIPO Y COMPETENCIAS CON COMPAÑEROS DE CLASE

En caso de que se establezcan actividades que impliquen competir, se sugiere que hagan equipos por categorías, de acuerdo a sus características, habilidades, y capacidades; es decir, existen actividades de competencia entre alumnos que tienen características similares, de tal manera que cuando el alumnado compita, lo haga con otros pares que tienen nivel parecido al de él, lo que permitirá motivarse más y reforzar la autoestima. Cuando la diversidad no se trata en el aula escolar y se pone a competir a alumnos de mayor rendimiento con otros de menor rendimiento, estos últimos pueden llegarse a sentir tratados injustamente, además que pueden construir una apreciación errónea de su desempeño –académico, deportivo, lúdico, entre otros–, asumiendo que no puede cumplir con metas escolares.

Actividades en equipo

Las actividades en equipo pueden ayudar a construir empatía, tolerancia, respeto y, por supuesto, autoestima; siempre y cuando se cumplan ciertos requisitos que deben ser supervisados constantemente por el profesorado:

Participación activa de cada uno de los integrantes

- Reuniones para aportar ideas, opiniones y tomar decisiones en colegiado. El profesor debe garantizar que no se dividan la tarea impuesta y con ello trabajen cada quien por su lado, trabajando al final de manera individual.
- Distribución del liderazgo. Cada uno de los integrantes del equipo son líderes al desempeñar un papel que permita al equipo funcionar correc-

tamente, ya sea con el cargo de coordinador del tiempo y objetivos; escribano; organizador de turnos o encargado del material, entre otros.

- División de las tareas en pequeñas entregas que tienen que ser cumplidas de acuerdo a un cronograma.
- Creación de una bitácora que se integre al trabajo como anexo, en donde se describa lo ocurrido en cada reunión: asistentes, participación activa de cada alumno, acuerdos, etcétera.
- Organización de equipos para trabajos académicos. El profesor debe asegurarse de que los integrantes no sean amigos, para crear oportunidades de que el alumnado socialice con otros compañeros de clase.

La construcción de autoestima se desarrolla diariamente. El profesorado podrá contribuir permitiéndole al alumnado tomar decisiones; escuchando su opinión sin criticarlos o lastimarlos; tomando en cuenta sus logros –sin importar que estos sean pequeños–; celebrando sus esfuerzos.

Caso 25
Un profesor que puede contribuir, en el día a día, a destruir la autoestima del alumnado

Una alumna de primer grado de primaria, acostumbrada a comunicarse asertivamente en su ambiente familiar, le expresó a su maestra que no estaba de acuerdo en que le anotará un tache al grupo por no hacer algo que nunca solicitó. Esta pequeña que fue asertiva con su profesora expresando su inconformidad, no fue escuchada, por lo que la niña trató nuevamente de expresar su inconformidad invitando al grupo a que se uniera. Sin embargo, la profesora no los escucho; y a ella, la castigó, la envió a la dirección, trató de avergonzarla ante otros profesores. Y, a partir de ese suceso, la profesora trata de culpar a la niña de lo malo que sucede en el aula escolar, sin darle la oportunidad de externar su sentir.

Evidentemente este tipo de comportamiento por parte de la profesora lastima y contribuye a destruir la autoestima de alumnado asertivo, enviándole el mensaje de que "ella como profesora jamás se equivoca, ella es la que manda e, incluso, puede abusar de su poder para hacer que los niños le obedezcan".

PUESTA EN PRÁCTICA Y SEGUIMIENTO

Para la puesta en práctica se sugiere que el profesorado conozca las estrategias que puede llevar a cabo, desde su función como docente, para fortalecer la autoestima del alumnado. Una vez que identifique las estrategias, elegirá a tres alumnos que muestran conductas disruptivas y tres alumnos que muestran dificultades para comenzar, realizar y/o finalizar el trabajo académico solicitado durante la jornada escolar.

A continuación se muestran dos registros (8.1. y 8.2.), que pueden ser usados para que el profesor se retroalimente con base en su comportamiento hacia el alumnado identificado. El registro le permitirá conocer su propio comportamiento y qué promueve que los alumnos se motiven más por el trabajo académico.

Elegir tres alumnos que enfrentan barreras en el aprendizaje académico:

a. _____

b. _____

c. _____

Se sugiere que las siguientes estrategias sean llevadas a cabo diariamente por la profesora, para mejorar el trabajo académico en el aula:

8.1. Registro autoestima en el aula (aspectos académicos)	Alumno	Alumno	Alumno
1. Actividad/materia			
Día y hora			
A. Contacto visual. Verificar que tiene material para realizar el trabajo.			
Asegurarse de que comienza a trabajar.			
B. Dar tiempo para trabajar y regresar con él (monitorear).			

En caso de que no comience la actividad, ¿qué estrategia se usó para invitarlo a trabajar?			
Elogiar cuando trabaja.			

C. Retroalimentar:
  Avance del ejercicio.
  Comprensión.			

Si decide no terminar el ejercicio, entonces ¿cuál es el costo?: _____ _____			
2. Actividad/materia			
Día y hora:			
A. Contacto visual. Verificar que tiene material para realizar el trabajo.			
Asegurarse de que comienza a trabajar.			
B. Dar tiempo para trabajar y regresar con él (monitorear).			
En caso de que no comience la actividad, ¿qué estrategia se usó para invitarlo a trabajar?			
Elogiar cuando trabaja.			

C. Retroalimentar:
  Avance del ejercicio.
  Comprensión.			

Si decide no terminar el ejercicio, entonces ¿cuál es el costo?: _____ _____			

Elegir tres alumnos que enfrentan barreras en el aprendizaje conductual (conducta disruptiva, agresión, acoso).

a. _____

b. _____

c. _____

Se sugiere que las siguientes estrategias sean llevadas a cabo cotidianamente por el docente, con el objetivo de alentar el trabajo académico en
el aula.

8.2. Registro autoestima en el aula (aspectos disruptivos)	Alumno	Alumno	Alumno
1. Actividad/materia			
Día y hora			
Contacto visual. Tiene material. Asegurarse de que comienza a trabajar.			
Elogiar.			
Si no comienza la actividad por conducta disruptiva, ¿qué estrategia se usó para detenerla?			
Monitorear: revisar avance y comprensión.			
Elogiar.			
Si continúa con conducta disruptiva, ¿qué se hace?			
2. Actividad/materia			
Día y hora			
Contacto visual. Tiene material. Asegurarse de que comienza a trabajar.			
Elogiar.			
Si no comienza la actividad por conducta disruptiva, ¿qué estrategia se usó para detenerla?			
Monitorear: revisar avance y comprensión.			

Si continúa con conducta disruptiva, ¿qué se hace?			
3. Actividad/materia			
Día y hora			
Contacto visual. Tiene material. Asegurarse de que comienza a trabajar.			
Elogiar.			
Si no comienza la actividad por conducta disruptiva, ¿qué estrategia se usó para detenerla?			
Monitorear: revisar avance y comprensión.			
Si continúa con conducta disruptiva, ¿qué se hace?			

NOVENA ESTRATEGIA
YO COMPARTO: RECREO CON DIVERSIÓN Y SIN AGRESIÓN

COMPETENCIAS

- Competencias para el manejo de situaciones
- Competencias para la convivencia
- Competencias para la vida en sociedad

OBJETIVO

El objetivo de los recreos sin bullying es crear una oportunidad para que los alumnos puedan desarrollar y poner en práctica conductas prosociales, integrándose a los juegos escolares sin ningún tipo de agresión.

CARACTERÍSTICAS

La puesta en práctica requiere gestionar con la dirección escolar para organizar al profesorado y otros educadores, de modo que cada uno pueda instaurar un juego en equipo que permita la participación activa de un grupo de alumnos. El objetivo es enseñar a los niños a jugar compartiendo y a divertirse sin violencia escolar o bullying. Es necesaria la participación de los profesores, el psicólogo educativo y otros educadores del plantel escolar.

El material requerido son juegos de mesa, o cualquier otro juego que pueda desarrollarse en equipo (el trabajo en equipo es indispensable) y un formato de registro de recreos (véase Anexo), que pueda integrarse a la carpeta del aula.

ACCIONES ESPECÍFICAS A DESARROLLAR POR EL PROFESOR

- Invitar a los alumnos, antes del recreo, a participar en los grupos de juego, para que puedan integrarse en equipos. Conviene invitar en forma especial a niños con deficiencias en habilidades sociales (que pasan el recreo solos) o que exhiben comportamientos agresivos.
- Plantear lo siguiente como requisito para integrarse al juego: cada alumno deberá saludar a sus compañeros haciendo contacto visual y presentarse (decir su nombre y grado escolar). Las reglas serán jugar sin decir insultos, ni hacer trampa, pegar o realizar cualquier otra conducta negativa durante el juego. Al finalizar el juego, cada alumno se despedirá mirando a los ojos a sus compañeros, y agradeciéndoles por haber jugado con él/ella.
- Rompimiento de reglas: en caso de que se rompan reglas, el educador deberá quitar al alumno que la rompió un turno como consecuencia de su conducta. Se sugiere no retirar del juego al alumno, ya que ello le impide tener la oportunidad de poner en práctica conductas prosociales.
- Llevar la documentación de los recreos, haciendo uso del registro (Ver anexo), en el cual se identifica que cada alumno participante puso en práctica el comportamiento asertivo, como saludar, presentarse, teniendo contacto visual con sus compañeros de juego.

ANEXO

ANEXO

CUESTIONARIO PARA IDENTIFICAR MALTRATO EN LA RELACIÓN ENTRE PROFESORES Y ALUMNOS

CUESTIONARIO MALTRATO, PROFESOR HACIA ALUMNO (CUMPA)

Este cuestionario consta de 15 reactivos en los que se expresan actitudes y comportamientos que exhibe al profesorado por maltratar al alumnado.

Calificación

La escala total muestra un alpha de Cronbach igual a .91

Factores del cuestionario

Factor 1. *Trato discriminatorio.* Este factor informa de la frecuencia con que el alumnado declara recibir un trato injusto por parte del profesorado. Esta escala está formada por cinco elementos: a) me tiene manía; b) me regaña mas que a otros aun cuando mi comportamiento es parecido al de otros; c) me amenaza con llevarme a la dirección o con ponerme aparte; d) me interrumpe cuando hablo; y e) me grita. El conjunto de sus elementos muestra elevada consistencia interna (alpha de Cronbach de .81).

Factor 2. *Agresión.* Esta escala informa la frecuencia con la que el alumnado informa acerca de maltrato físico que el profesorado ejerce hacia ellos, así como otros tipos de comportamientos agresivos como insultarlos. Esta escala se conforma por los siguientes elementos: a) me ha agredido físicamente; me agrede con objetos como bolígrafos, tizas o borrador; b) me ha roto algunas de mis cosas; y c) me insulta. (Alpha de Cronbach de .83).

Factor 3. *Exclusión.* Este factor informa la frecuencia con la que el alumnado se siente excluido, al sentir que su participación en clase no es

215

importante para el profesorado. Esta escala se conforma por cuatro elementos: a) se desentiende totalmente de lo que digo en clase; b) me rechaza; c) me ignora; y d) me impide participar. (Alpha de Cronbach de .87).

Factor 4. *Maltrato emocional.* Este factor informa la frecuencia con la que el alumnado percibe que es maltratado emocionalmente por parte del profesorado. Esta escala esta conformada por tres elementos: a) me ridiculiza, b) se burla de mí, y c) me grita. (Alpha de Cronbach de .80).

Instrumentos de medición

Comportamiento magisterial				
Escuela _____				
Fecha _____ Grado _____				
Código _____ Niño _____ Niña _____				
Por favor, lee y contesta, colocando un "tache" ☒ en el cuadro de la respuesta que se acerque más a lo que tú piensas.				
Desde que comenzó el curso escolar, ¿cómo sientes que se comportan tus profesores contigo?	Mucho	Bastante	Poco	Nada
1. Me amenaza	❑	❑	❑	❑
2. Me interrumpe cuando hablo	❑	❑	❑	❑
3. Me grita	❑	❑	❑	❑
4. Me ha agredido físicamente	❑	❑	❑	❑
5. Me avienta objetos (pluma, gis, borrador)	❑	❑	❑	❑
6. Me ha roto algunas de mis cosas	❑	❑	❑	❑
7. Me insulta	❑	❑	❑	❑
8. Me rechaza	❑	❑	❑	❑

9. Me habla con malos modales	❏	❏	❏	❏
10. Cuando me trata mal no me deja entender su clase	❏	❏	❏	❏
11. Me ignora	❏	❏	❏	❏
12. Me ridiculiza	❏	❏	❏	❏
13. Se burla de mí	❏	❏	❏	❏
14. Me dice apodos que me ofenden	❏	❏	❏	❏
15. Me trata más mal que a otros niños, aun cuando mi conducta es parecida a la de mis compañeros	❏	❏	❏	❏

CUESTIONARIO MALTRATO, ALUMNO HACIA PROFESOR (CUMAP)*

Este cuestionario consta de 15 reactivos en los que se expresan actitudes y comportamientos que exhibe el alumnado para maltratar al profesorado.

Calificación

La prueba en conjunto tiene un alpha de Cronbach de .89

Factores del cuestionario

Factor 1. *Rechazo*. Este factor informa la frecuencia con la que el alumnado reconoce que muestra rechazo hacia el profesorado durante la clase. Este factor muestra cinco elementos: a) le hablo con malos modales, b) le rechazo, c) le ignoro; d) me desentiendo totalmente de lo que explica en clase; y e) con mi mal comportamiento le impido dar clase. El conjunto de los elementos tiene un alpha de Cronbach de .84.

Factor 2. *Agresión*. Este factor informa sobre la frecuencia con la que el alumnado reconoce que participa en situaciones en las que exhibe comportamiento agresivo físico o verbal hacia el profesorado con la intención de causarle daño. Está formado por cuatro elementos: a) he amenazado a mi profesor; b) le agredo físicamente; c) le he roto algunas de sus cosas; y d) le ridiculizo. (Alpha de Cronbach de .80).

Factor 3. *Antipatía*. Refleja el rechazo que el alumnado siente hacia los profesores. Está formado por dos elementos: a) un profesor me resulta antipático; y b) he pensado que ese profesor no debería estar en la institución. (Alpha de Cronbach .80).

Factor 4. *Maltrato emocional*. En este factor se reflejan algunas situaciones que emplea el alumnado para maltratar emocionalmente a sus profesores. Está estructurado por cuatro elementos: a) le grito, b) me burlo de él; c) le insulto cuando no está; y d) lo interrumpo cuando habla. (Alpha de Cronbach de .78).

Comportamiento del alumnado

Escuela _____

Fecha _____ Grado _____

Código _____ Niño _____ Niña _____

Por favor, lee y contesta, colocando un "tache" ⊠ en el cuadro de la respuesta que se acerque más a lo que tú piensas.

Desde que comenzó el curso escolar, ¿cómo sientes que te comportas con tus profesores?	Mucho	Bastante	Poco	Nada
1. He amenazado a mi profesor	❏	❏	❏	❏
2. Le interrumpo cuando habla	❏	❏	❏	❏
3. Le grito	❏	❏	❏	❏
4. Le he agredido físicamente	❏	❏	❏	❏
5. Le aviento objetos cuando está de espaldas	❏	❏	❏	❏
6. Le he roto algunas de sus cosas	❏	❏	❏	❏

7. Lo insulto a sus espaldas	❑	❑	❑	❑
8. Lo rechazo	❑	❑	❑	❑
9. Le hablo con malos modales	❑	❑	❑	❑
10. Con mi mal comportamiento le impido dar clase	❑	❑	❑	❑
11. Lo ignoro	❑	❑	❑	❑
12. Lo ridiculizo	❑	❑	❑	❑
13. Me burlo del profesor	❑	❑	❑	❑
14. Le puse algún apodo	❑	❑	❑	❑
15. De todos mis profesores, es al que trato más mal	❑	❑	❑	❑

EJEMPLOS DE IMPLEMENTACIÓN DE LA ESTRATEGIA

EJEMPLO 1: USO DE OBSERVACIÓN, ANÁLISIS, RETROALIMENTACIÓN Y SEGUIMIENTO

El siguiente es un ejemplo para clarificar el uso de la observación, análisis, retroalimentación y seguimiento, en el primer componente del Programa Orden y Limpieza.

Esquema general de la implementación del Programa Orden y Limpieza

Paso 1. *Observación sin intervención* (listas cotejables 1.1. y 1.4.)
Paso 2. *Análisis* (contenido de las listas cotejables 1.1. y 1.4.)
Paso 3. *Retroalimentación* (registro de retroalimentación 1.5.); en la retroalimentación se toma como acuerdo la puesta en práctica de la Caja de Sorpresa (formato 1.2.)

Paso 4. Seguimiento o monitoreo de acuerdos tomados en la retroalimentación (uso de registro 1.3., monitoreo de la implementación de la estrategia de Orden y Limpieza, y el registro 1.4., monitoreo de conducta disruptiva).

Ejemplo 2: Implementación

Para que los profesores y el especialista en el aula conozcan cómo usar los registros en cada uno de los componentes, se dará un breve ejemplo en la implementación del primer componente.

I. Antes de la implementación

Antes de implementar la intervención del componente de *aula ordenada,* el primer paso es observar haciendo uso de las listas de cotejo.

1. **Observación (sin intervención):** aplicar las listas cotejables 1.1. y 1.4., mostradas a continuación:

Registro 1.1. Orden y limpieza (observar tres veces, 10 minutos por observación) Durante la observación, conteste si las situaciones descritas en las siguientes afirmaciones se presentan o no durante la jornada escolar.		
	Sí	**No**
Todos los alumnos tienen acceso al pizarrón, pueden leer sin obstáculos (esto es, no hay un pilar, una puerta, una ventana abierta, u otro compañero más alto que él, que le impida la visibilidad).		X
Todos los alumnos se ubican frente el pizarrón (esto es, ningún alumno "da la espalda" al pizarrón; ninguno se encuentra sentado de tal manera que esté "de costado al pizarrón").		X
Se discrimina al alumnado, es decir, hay filas de "burros", de los que no trabajan, de los "aplicados", o bien, se sienta hasta atrás y "solo" al niño que no quiere trabajar o que tiene conflictos en casa (por ejemplo, padre en el reclusorio, padre ausente, etcétera).	X	

Las filas del aula están delimitadas de tal manera que el profesor puede caminar entre los alumnos.		X
Los artículos de baño (esto es, toalla, papel, jabón, etcétera) son de difícil acceso; por ejemplo, el papel está guardado bajo llave, el jabón en el escritorio del profesor, la toalla en otro *locker* y "la ficha" para ir al baño está justo encima del asiento de un alumno (al que interrumpen "40 veces al día" para colgarla y descolgarla).	X	
Los materiales como cuerdas, pelotas u otros se encuentran "a la mano" de los alumnos de tal manera que pueden tomarlos rápidamente para "jugar" en el aula, sin autorización del profesor.	X	
El aula está sucia, hay basura tirada entre las filas y debajo de los asientos.	X	
Los "cartelones informativos" para los alumnos, pegados en las paredes del aula, están rotos, son "viejos" y no muestran información actualizada.	X	

Lista de cotejo 1.1.

El especialista ingresa al aula para observar en tres días diferentes en el transcurso de una misma semana (por ejemplo, observa el lunes, miércoles y viernes durante 10 minutos por cada observación).

Nota: en este ejemplo, la parte sombreada contiene lo que se analiza para la retroalimentación.

Registro de conducta disruptiva 1.4.

En la misma fase de observación se hará uso del Registro de conducta disruptiva (1.4.). El especialista ingresa al aula para observar durante tres periodos de 15 minutos cada uno, en una misma semana, anotando el nombre del niño, la conducta y el número de conductas.

1.1. Registro de conducta disruptiva	Día 1 Fecha: _____
Motriz (andar fuera de su lugar, desplazar la silla, subir a la silla o mesa, cambiar de lugar sin permiso)	Pablo se para, Ximena sube a la banca, Joan cambia de lugar, Tere se para, Paty sale del salón 12 minutos y la profesora no le dice nada
Ruidosa (hacer ruidos con el lápiz, el pie o la mano, eructar, gritar, cantar, silbar, burlarse, llorar)	Erick se burla; Camila, Erick, Carmen, Pablo, Ximena y Rosy gritan para participar
Verbal (conversar con otros, enseñar juguetes, interrumpir con preguntas fuera de tema)	Rosy juega, Tere conversa
Agresiva (poner apodos, pegar, insultar, romper objetos, morder, empujar, amenazar, pellizcar, arrebatar, tocar genitales de otros)	Perla empuja, Citlali empuja, Ramiro levanta la falda de Carla

2. **Análisis:** Listas cotejables 1.1. y 1.4. Se analiza quiénes son los niños disruptivos y qué tipo de conductas adoptan (vaciar en este formato).

1.4. Registro de conducta disruptiva	Alumnos y tipo de conducta*
Motriz (andar fuera de lugar, desplazar la silla, subir a la silla o mesa; cambiar de lugar sin permiso)	Pablo se levanta de su lugar (la maestra no aplica consecuencia) Paty salió tres veces más de 10 minutos (la profesora no aplica consecuencia, parece que "no se da cuenta")
Ruidosa (hacer ruidos con el lápiz, el pie o la mano, eructar, gritar, cantar, silbar, burlarse, llorar)	Erick se burla de sus compañeros (la maestra no aplica consecuencia) Camila, Erick, Carmen, Pablo, Ximena y Rosy gritan para dar respuesta sin levantar la mano (la maestra no pide que lo hagan)

Verbal (conversar, enseñar juguetes, interrumpir con preguntas fuera de tema)	Tere se para a conversar, Jair juega con "tazos" (sin consecuencia aplicada por la maestra)
Agresivo (poner apodos, pegar, insultar, romper objetos, morder, empujar, amenazar, pellizcar, arrebatar, tocar genitales de otros)	Jair empuja y pega (no hay consecuencias por parte de la maestra)

*Nota: la parte en gris contiene las anotaciones con base en las cuales se diseña la retroalimentación al profesor.

Con la información de las listas de cotejo 1.1. y 1.4. se elabora una propuesta para realizar cambios en el aula, es decir, se proponen cambios físicos que faciliten el proceso enseñanza-aprendizaje en el aula.

II. Implementación de la intervención del componente "aula ordenada"

Ejemplo 3: Uso del Registro 1.5.

Para la implementación de los componentes del programa, es necesario tener un espacio de retroalimentación con los profesores (uso del registro 1.5.). Lo indicado es gestionar con el director de primaria para tener un espacio semanal (siempre a la misma hora y el mismo día) con el profesor del grupo en el que se implementará el programa. Para escuelas primarias, la hora y el lugar donde se puede llevar a cabo esta retroalimentación son la hora de la clase de educación física y el aula del grupo (dado que estará desocupada por los alumnos).

El objetivo de la retroalimentación es sensibilizar al profesor sobre la importancia de mantener orden, limpieza y hábitos en el aula (por ejemplo, normar las salidas al baño, levantar la mano para opinar), que son las condiciones mínimas para la convivencia entre escolares. Esta estrategia permitirá que el profesorado fortalezca su liderazgo en el aula.

Durante la retroalimentación se informa al profesor sobre lo que se obtuvo en las observaciones. Por ejemplo, si el profesor dio la instrucción: "Por favor, saquen su libro de texto de español y ábranlo en la página 44" y cinco alumnos no la siguen (porque no sacan el material para trabajar), comente al docente que dichos alumnos hicieron cualquier otra cosa (platicar, dibujar, jugar, ignorar al profesor; incluso hay que proporcionar el nombre de los alumnos y decir lo que hacían: Pablo se puso a dibujar, Mariana platicaba con Itzel; Rafael sacó sus tazos para verlos, etcétera) excepto el trabajo académico, por lo que se presentaron conductas disruptivas y/o agresivas durante su clase.

Conviene destacar que la retroalimentación que brinde el especialista (psicólogo, pedagogo, trabajador social, entre otros) será guiada por las observaciones desarrolladas en el aula (listas cotejables empleadas). Con base en ellas y en esta estrategia, se podrá brindar al profesorado acciones específicas que pueden desarrollarse para eliminar o disminuir los factores o conductas poco adaptativas (mostradas por algunos alumnos) y que impidieron cumplir con el objetivo de la clase.

¿Cómo estructurar la retroalimentación con base en lo obtenido en el registro 1.1.?

El registro 1.1. permitirá al psicólogo educativo, profesor o maestro de apoyo, tener información sobre las posibles barreras áulicas que enfrentan los niños y afectan el proceso de aprendizaje.

A través del registro se pueden sugerir alternativas de cambios físicos en el aula (de orden y limpieza, lo que ayudará a establecer hábitos en los alumnos).

Entre las estrategias propuestas se sugiere que el profesor de grupo:

- Establezca momentos durante la jornada escolar, para que los niños y niñas recojan lo que hayan tirado (por ejemplo, basura debajo de su lugar y en el tramo de pasillo que les corresponde); un momento puede ser antes del recreo.
- Realice cambios físicos para que TODOS los alumnos tengan acceso visual al pizarrón, y evite excluir a alguno (es decir, eliminar filas de "burros", integrar a los alumnos aislados).

- "Limpie" su escritorio (evite tener lo que no use normalmente, "torres" de libros, o juguetes o pertenencias que recoja a los alumnos).
- Mantenga filas alineadas (sin suéteres que impidan la visibilidad de la parte de atrás del aula escolar) y organice el mobiliario para caminar entre los alumnos.
- Mantenga el bote de basura y artículos de baño en un lugar de fácil acceso.
- Norme las "idas al baño", evitando interrumpir la clase y marcando un tiempo (esto es, vigilar que no se tarden 10, 15 o más minutos en el baño).
- Asegurarse de que el estante esté ordenado y limpio.
- Planifique la clase, para evitar que los alumnos tengan "tiempos muertos" entre actividad y actividad.

Ejemplo 4: Formato de retroalimentación 1.5.

(llenado con base en la información recogida en el registro 1.1.)

Registro 1.5. Conductas o factores que facilitan el comportamiento disruptivo y agresivo e impiden el proceso enseñanza-aprendizaje (se obtienen de la listas cotejables)	Acciones específicas que el profesor puede realizar	Tiempo (compromiso para realizar acción)
1. Los artículos de baño no están en un lugar específico, por lo que se interrumpe constantemente al maestro; los alumnos salen frecuentemente del aula ("se le escapan"); no hay hábitos ni límites en esta área	Salidas al baño: 1. Buscar un lugar del aula para colocar los artículos de baño (en el que no estorben físicamente) 2. Tener una mesa para ponerlos 3. Normar las "salidas" al baño: uso de pases o tarjetones para ello 4. Crear el hábito: el profesor monitorea todos los días y en todo momento que los niños cumplan con las normas establecidas para ir al baño (mientras se convierten en un hábito)	Inmediato

| 2. El profesor da instrucciones claras para comenzar un trabajo, pero los alumnos no las cumplen | 1. Dividir la instrucción en pasos y vigilar que cumplan con cada uno, por ejemplo:
1. "Saquen el libro de español" (controla que todos lo tengan, es decir, pide que levanten su libro para comprobar)
2. "Ábranlo en la página…" (monitorea)
3. "Lean el párrafo…" (supervisa)
4. "Comiencen a contestar" (camina por el salón y busca estrategias para monitorear y asegurarse de que TODOS trabajen) | Inmediato |

EJEMPLO 5: FORMATO PARA RETROALIMENTACIÓN
(para llenar)

Formato para retroalimentación
Especialista USAER/CAM: _____
Escuela: _____
Profesor: _____
Fecha: _____ **Grado:** _____

Conducta o factor (se obtiene en observaciones)	Acciones específicas que el profesorado puede realizar	Fecha de inicio
1.		
2.		
3.		
4.		
5.		

Firma del profesor de grupo: _____

Firma del especialista que brinda retroalimentación: _____

Fecha: _____

EJEMPLO 6. FORMATO PARA EL RECREO

Registro de competencias para la convivencia en el recreo

Responsable: _____

Semana 1	Lunes Día/mes	Martes	Miércoles	Jueves	Viernes	Observaciones (juego, grados escolares, género, violencia o no)
Establecer contacto visual						
Saludar						
Presentarse						
Insultar, decir groserías						
Hacer trampa						
Pegar						
Semana 2	Lunes	Martes	Miércoles	Jueves	Viernes	Observaciones (juego, grados escolares, género, violencia o no)
Establecer contacto visual						
Saludar						
Presentarse						
Insultar, decir groserías						
Hacer trampa						
Pegar						
Semana 3	Lunes	Martes	Miércoles	Jueves	Viernes	Observaciones (juego, grados escolares, género, violencia o no)
Establecer contacto visual						
Saludar						
Presentarse						
Insultar, decir groserías						
Hacer trampa						
Pegar						
Semana 4	Lunes	Martes	Miércoles	Jueves	Viernes	Observaciones (juego, grados escolares, género, violencia o no)
Establecer contacto visual						
Saludar						
Presentarse						
Insultar, decir groserías						
Hacer trampa						
Pegar						

REFERENCIAS

Ayala, H., Chaparro A., Fulgencio, M., Pedroza F.J., Morales, S., Pacheco, A., Mendoza, B., Ortiz, A., Vargas, E., Barragán, N. (2001). Tratamiento de agresión infantil: Desarrollo y evaluación de programas de intervención conductual. *Revista Mexicana de Análisis de la Conducta.* Junio 2001. 1-34.

Askew, S. (1989). Aggressive Behavior in boys: To what extent is it institutionalized?, en D.P. Tattum y D.A. Lane (Eds.). *Bullying in schools.* Stoke on Trent, Inglaterra: Trentham Book. 59-71.

Benbenesky, R., Zeira, A., Avi Astor, R. (2002). Children´s reports of emotional, physical and sexual maltreatment by educational staff in Israel. *Child Abuse and Neglect,* 26. 763-782

Blaya, C. (2005). *Factores de riesgo escolares.* Documento presentado en la IX reunión internacional sobre biología y sociología de la violencia. Violencia y la Escuela. Valencia, España.

Bowers, L., Smith, P.K., Binney, V. (1992). Cohesion and power in the families of children involved in bully/victims problems at school. *Journal of Family Therapy,* 14. 371-387.

Bradley, S.J., Zucker, K.J. (1997). Gender Identity Disorder: A review of the past 10 years. *Journal of the American Academy of Child & Adolescent Psychiatry,* 36. 872-880.

Crick, N.R., Grotpeter, J.K. (1995). Relational aggression, gender and social-psychological adjustment. *Child Development,* 66. 710-722.

Defensor del Pueblo (2000). *Violencia escolar: el maltrato entre iguales en la Educación Secundaria Obligatoria.* Publicaciones del Defensor del Pueblo. Madrid.

Delfabbro, P., Winefield, T., Trainor, S., Dollard, M., Anderson, S., Metzer, J., Hammarstrom, A. (2006). Peer and teacher bullying/victimization of South Australian secondary school students: Prevalence and psychosocial profiles. *British Journal of Educational Psychology,* 76. 71-90.

Díaz-Aguado, M.J., Martínez Arias, R., Martín Seoane, G. (2004). *Prevención de la Violencia y lucha contra la exclusión desde la adolescencia: La violen-*

cia entre iguales en la escuela y el ocio. Volumen 2: Programa de intervención y estudio experimental. Madrid: INJUVE.

Dodge, K.A., Schwartz, D. (1997). Social information processing mechanisms in aggressive behavior, en D. Stoff, J. Breiling, J.D. Maser (Eds.), *Handbook of Antisocial Behaviour.* Nueva York: Wiley. 171-80.

Duncan, R.D. (1999). Peer and Sibling aggression: an investigation of intra and extra familiar bullying. *Journal of interpersonal violence,* 14, 8, 871-886.

Dworkin, A.G., Haney, C.A., Telschow, R.L. (1988). Fear, victimization and stress among urban public school teacher. *Jurnal of Organizarional Behaviour,* 9. 159-171.

Farrington, D.P. (2005). *Factores de riesgo.* Documento presentado en la IX reunión internacional sobre biología y sociología de la violencia. Violencia y la Escuela. Valencia, España.

Garbarino, J. (1978). The elusive «crime» of emotional abuse. *Child Abuse and Neglect,* 2. 89-99.

Hart, S., Brassard, M. (1987). A Major threat to children´s mental health: Psychological maltreatment. *American Psychologist,* 42. 160-165.

Howard, N.J. (2004). Bullying in adolescence: A longitudinal study of the effects of involvement in overt and relational aggression on teen's emotional adjustment and attitudes toward aggression. *Dissertation Abstracts International: Section 6B: The Sciences and Engineering,* 65, 3174.

Hyman, I.A., Perone, D.C. (1998). The other side of school violence: Educator Policies and Practices that may contribute to student misbehaviour. *Journal of school pscychology,* 36. 1. 7-27.

Kokkinos, C.M., Panayiotou, G. (2004). Predicting Bullying and Victimization Among early Adolescents: Associations with Disruptive Behavior Disorders. *Aggressive Behavior,* 30. 520-533.

Mendoza, B. (2006). *Las dos caras de la violencia escolar: El maltrato en la interacción profesor-alumno y entre iguales.* Tesis Doctoral. Universidad Complutense. Madrid.

_____ (2008a). Ponencia: *El acoso escolar (bullying): Problema cotidiano para el alumnado, hoy objeto de investigación en México.* Ponencia presentada en el Foro de Convivencia Escolar organizado por la Secretaría de Educación del Distrito Federal. México.

_____ (2008b). Ponencia: *Trayectorias de desarrollo del fenómeno de acoso escolar (bullying).* Segundo Congreso Internacional Psicología del Desarrollo. Aguascalientes, México.

_____ (2009a). Taller para la Detección de Casos de Abuso Sexual Infantil en Niños de Educación Básica. *Psicología Iberoamericana,* 17. 1. 24-36.

_____ (2009b). Bullying. *Revista Ciencia y Desarrollo.* CONACYT. México.

_____ (2009c). Conferencia Magistral. *Construcción de aulas sin violencia: derecho y obligación de todos,* Sustentada en Escuelas sin Violencia. Secretaría de Educación del D.F. México.

_____ (2010a). Ponencia: *Evaluación Conductual del desequilibrio de poder de intercambios sociales asociados al bullying.* Expuesta en el Tercer Seminario Bienal sobre Desarrollo e Interacción Social: Aristas y Perspectivas Múltiples, en la Facultad de Psicología, UNAM. México.

_____ (2010b). *Manual de auto control de enojo. Tratamiento Cognitivo-Conductual.* Manual Moderno. México.

_____ (2010c). Conferencia Magistral: *¿Qué es Bullying y como prevenirlo?,* participación en el Programa Escuela Segura de la Secretaría de Educación Pública. México.

_____ (2011). Bullying entre pares y el escalamiento de agresión en la relación Profesor-alumno. *Psicología Iberoamericana,* 19. 1. 58-71.

Mendoza y Santoyo, (2010). Ponencia: *Evaluación Conductual del desequilibrio de poder de intercambios sociales asociados al bullying,* expuesta en el Tercer Seminario Bienal sobre Desarrollo e Interacción Social: Aristas y Perspectivas Múltiples, de la Facultad de Psicología. UNAM. México.

Miller, G.E., Brehm, K., Whitehouse, S. (1998). Reconceptualizing school-based prevention for antisocial behaviour within a resilency framework. *School Psychology Review,* 27. 364-379.

Olweus, D. (1993). *Bullying at School: What We Know and What We Can Do.* Blackwell Publishers, Inc. Oxford.

_____ (1997). Bully/Victim Problems in School: Knowledge Base and an Effective Intervention Program. *Irish Journal of Psychology,* 18 (2). 170-190.

_____ (2001). Bullying at school: tacling the problem. *Observer,* 225. 24-26.

_____ (2005). *Bullying en la escuela: datos e intervención.* Documento presentado en la IX Reunión Internacional sobre biología y sociología de la violencia. Violencia y la Escuela. Valencia, España.

Patterson, G.R. (1982). *Coercive Family Process.* Castalia. Eugene, OR.

Pellegrini A.D., Bartini M., Brooks, F. (1999). School bullies, victims, and aggressive victims: Factors relating to group affiliation and victimization in early adolescence. *Journal of Educational Psychology,* 91. 216-224.

Redman, P. (2000). Tarred with the same brush: Homophobia and the role of the unconscious in school-based cultures of masculinity. *Sexualities*, 3. 483-499.

Rigby, K. (1994). Psychosocial functioning in families of Australian adolescent schoolchildren involved in bully/victim problems. *Journal of Family Therapy*, 16. 173-187.

_____ (1995). The motivation of Australian Adolescent Schoolchildren to Engage in Group Discussiones About Bullying. *The journal of Social Psychology*, 135 (6). 773-774.

_____ (1997). Attitudes and beliefs of Australian schoolchildren regarding bullying in schools. *Irish Journal of Psychology*, 18. 202-220.

Rigby, K., Slee, P.T. (2002). Bullying Among Australian School Children: Reporte Behavior and Attitudes Toward Victims. *The Journal of Social Psychology*. 131 (5). 615-627.

Salmon, G., James, A., Cassidy, E.L., Javaloyes, M.A. (2000). Bullying a review: Presentations to an adolescent psychicatric service and within school for emotionally and behaviourally disturbed children. *Clinical Child Psychology and Psychiatry*, 5. 563-579.

Santoyo, C., Colmenares, L., Cruz, A., López, E. (2008). Organización del comportamiento coercitivo en niños de primaria: un enfoque de síntesis. *Revista Mexicana de Psicología*, 25. 1. 71-87.

Serrano, A., Iborra, I. (2005). *Violencia entre compañeros en la escuela*. Centro Reina Sofía. Valencia, España.

Shakeshaft, C., Cohan, A. (1995). Sexual abuse of students by school personnel. *Phi Delta Kappan*, 76. 512-520.

Smith, P.K., Singer, M., Hoel, H., Cooper, C.L. (2003). Victimization in the school and the workplace: Are there any links? *British Journal of Psychology*. Inglaterra. 94. 175-188.

Smith, P.K., Talamelli, L., Cowie, H., Naylor, P., Chauhan, P. (2004). Profiles on non-victims, escaped victims, continuing victims and new victims of school bullying. *British Journal of Educational Psychology*. Inglaterra. 74. 565-581.

Smith, P.K. (2005). *Violencia escolar y acoso: factores de riesgo familiares*. Documento presentado en la IX reunión internacional sobre biología y sociología de la violencia. Violencia y la Escuela. Valencia, España.

Terry, A. (1998). Teachers as targets of bullying by their pupils: a study to investigate Incidence. *British Journal of Educational Psychology*. Inglaterra. 68. 255-268.

UNESCO (2005). *Violencia. Focusing resources on effective school health*. Disponible en: http://portal.unesco.org/education/es/ev.

Unnever, J.D., Cornell, D.G. (2004). Middle School Victims of Bullying: Who Reports Being Bullied? *Aggressive Behavior,* 30. 373-388.

Wilson, J.W., Herrnstein, R.J. (1985). *Crime and human nature*. Simon & Schuster, Inc. Nueva York.

Winks, P. (1982). Legal Implications of sexual contact between teacher and student. *Journal of Law and Education*. 11 (4). 437-477.

Wishnietskt, D.H. (1991). Reported and Unreported Teacher-Student Sexual Harassment. *Journal of Educational Research*. 84. 3. 164-169.

Young, R., Sweeting, H. (2004). Adolescent Bullying, Relations, Psychological Well-Being, and Gender-Atypical Behavior: A Gender Diagnosticity Approach. *Sex Roles,* 50. 7/8. 525-537.

Es doctora en Psicología Evolutiva y de la Educación por la Universidad Complutense de Madrid (estudios revalidados por SEP). Es maestra en Análisis Experimental de la Conducta por la UNAM, desarrolló un master en Programas de Intervención Psicológica en contextos educativos en la Universidad Complutense de Madrid. Recientemente finalizó una estancia posdoctoral en el Laboratorio de Desarrollo y Contexto del Comportamiento Social de la Facultad de Psicología de la UNAM, dirigiendo una investigación de violencia escolar y bullying.

Su línea de investigación desde hace más de trece años ha sido violencia en el contexto escolar, bullying, y abuso sexual. Ha participado en cuatro equipos de investigación en la línea de violencia escolar y bullying en México y Madrid; por ello, se ha especializado en detección, diagnóstico e intervención de violencia y bullying. Es experta en brindar apoyo psicológico y el acompañamiento legal en casos de abuso sexual ocurridos en escenarios escolares. Diseñó un taller para detectar violencia en escuelas (incluyendo abuso sexual) de educación básica, el cual fue aplicado a más de 25 escuelas en el D.F.

Ha publicado en revistas científicas, un libro publicado por la editorial Manual Moderno y otros dos libros publicados por Editorial Pax México (sobre prevención de abuso sexual y desarrollo de estrategias educativas para atender bullying).

Ha impartido conferencias y ponencias nacionales e internacionales en España, Inglaterra, Venezuela, Brasil, Grecia y México.

Ha participado como profesora de asignatura en la UNAM, en la Universidad Iberoamericana, en la Universidad Autónoma de Aguascalientes y en otras universidades, impartiendo cursos de posgrado.

Asesora en SEP:

Ha participado en videos que edita la Secretaría de Educación Pública (Gobierno Federal) y la Secretaría de Educación del D.F., (como especialista en bullying), para la divulgación de materiales de apoyo en las aulas escolares, ha participado asesorando al Proyecto Escuela Segura (SEP Federal, Proyecto Construye- T, SEP Federal, prevención y atención de bullying en nivel medio superior).

Durante tres años participó como especialista en diversos temas para ayudar a mujeres y niños en editorial Televisa.

Ha recibido premios y reconocimientos, como la Medalla Alfonso Caso, el Premio Gustavo Baz Prada, que otorga la UNAM, ha recibido Mención Honorífica en sus posgrados y fue condecorada en el Doctorado con *Cum laude*.

Esta obra se terminó de imprimir
en septiembre de 2015, en los Talleres de

IREMA, S.A. de C.V.
Oculistas No. 43, Col. Sifón
09400, Iztapalapa, D.F.

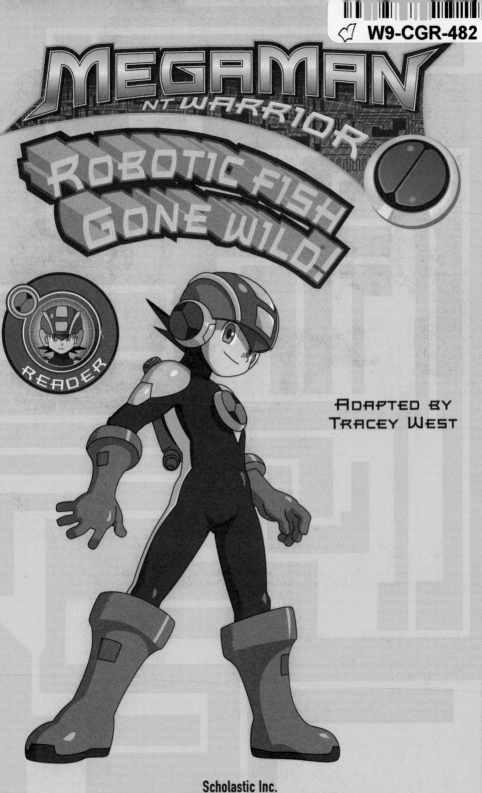

MEGAMAN NT WARRIOR

ROBOTIC FISH GONE WILD!

READER

ADAPTED BY
TRACEY WEST

Scholastic Inc.
New York   Toronto   London   Auckland   Sydney
Mexico City   New Delhi   Hong Kong   Buenos Aires

W9-CGR-482

ISBN 0-439-76833-0

Published by Scholastic Inc.
SCHOLASTIC and associated logos are trademarks and/or registered trademarks
of Scholastic Inc.

12 11 10 9 8 7 6 5 4 3 2 1   5 6 7 8 9 10/0

Cover design by Pamela Darcy
Interior design by Bethany Dixon

Printed in the U.S.A.
First printing, September 2005

Lan and Dex were battling in Yai's tree house.
"MegaMan wins again!" Maylu cried.
Yai smiled. "Maybe GutsMan should be called
*Loser*Man," she teased.

Beep! Beep! Beep!

An alarm rang out. A red light flashed.

"That means somebody is sneaking around the tree house!" Yai cried.

The door slowly opened. A man walked in . . . and a pot fell right on his head!

"Ow!" Maysa yelled. "That hurt!"

"What are you doing here, Maysa?" Lan asked. "Shouldn't you be out selling fish?"

"I got here just in time!" Maysa cried. "It's a nice day out! You should be outside playing, not stuck in here with your silly NetBattles."

Maysa pointed to the fish on his apron. "If you don't shape up, you will end up like this flabby fish!" he said. "Follow me, little doggies!"

"Let's get moving!" Maysa yelled.
He took the kids outside. They did push-ups.
They climbed trees. They played baseball.

"Now it's time for Fish Fun Facts," Maysa said. "Did you know the body of a jellyfish is made of mostly water? It's amazing!"

Lan groaned. "All of these fish facts are making my head hurt!"

At the World Three headquarters, the bad guys were busy, too.

Mr. Wily yelled at Maddy, Mr. Match, and Count Zap. "You three need to get busy doing bad things!" he cried.

"Don't get your kilt in a knot!" exclaimed Mr. Match. "We have a new plan that is going to rock!" Count Zap cried. "Just leave everything to us."

The trouble started at the Robot Aquarium. A virus attacked the control room.

The robot fish went crazy. A robot shark burst through its glass tank!

People screamed and ran.

The robot fish swam out of the aquarium. They swam all over DenTech City!

"What is going on?" Lan yelled.

The fish chased Lan and his friends.

"We need you to jack us into the system," MegaMan said. "Glide and I will see what's going on!"

Lan and Yai ran to a terminal. They jacked in MegaMan and Glide.

The NetNavis streamed to the aquarium's cyberspace, searching for the source of the problem.

"There is some kind of virus here," MegaMan said with a frown.

Without warning, a shark fin quickly sliced through the cybergrid!

A shark fin broke through the grid. It was a NetNavi that looked part shark.

Then the grid gave way under MegaMan's feet. He sank into a pool of water.

"Oh no!" MegaMan yelled. "I am swimming in a sea of viruses!"

The viruses looked like jellyfish. They slammed into MegaMan's body.

"MegaMan needs help!" Glide told Yai. "Tell Lan to download a BattleChip now!"

"We have to get to the aquarium!" Maylu said.

"How can we do that when we are being chased by robot fish?" Lan asked.

MegaMan battled the viruses. He jumped out of
the water with all his might.

"That was close," MegaMan said.

But the battle was not over. The viruses formed one big virus! Its long legs grabbed MegaMan. "Glide, we need those BattleChips!" MegaMan yelled.

Lan and his friends made it to the aquarium. But a giant robot squid blocked the door!

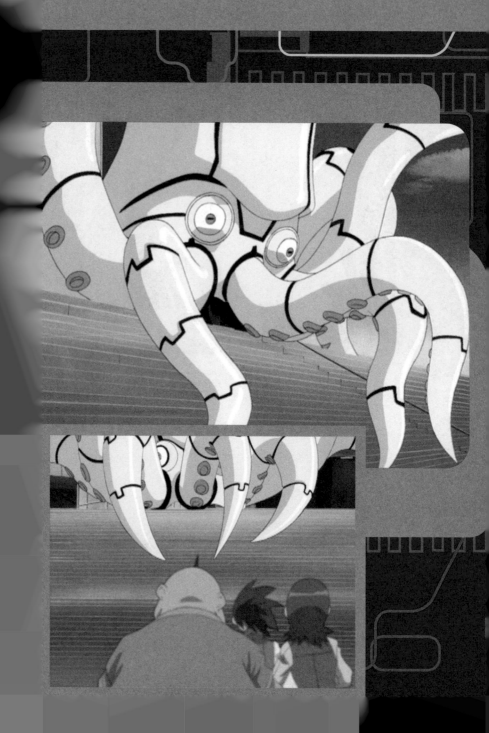

"I don't have time to deal with this robo-reject!"
Lan said. "MegaMan needs me!"

Then Lan ran right under the robot squid!

Lan raced into the control room, where he quickly downloaded a BattleChip.

"MegaMan, here's CyberSword!"

MegaMan's arm became a sharp laser sword. He sliced through the legs of the virus jellyfish.

"Now let me cut you some slack!" MegaMan cried.

MegaMan sliced the belly of the virus. But the virus healed itself. It glowed brightly. Then a giant wave of water formed in front of it.

"It's a Jelly virus!" Lan yelled.

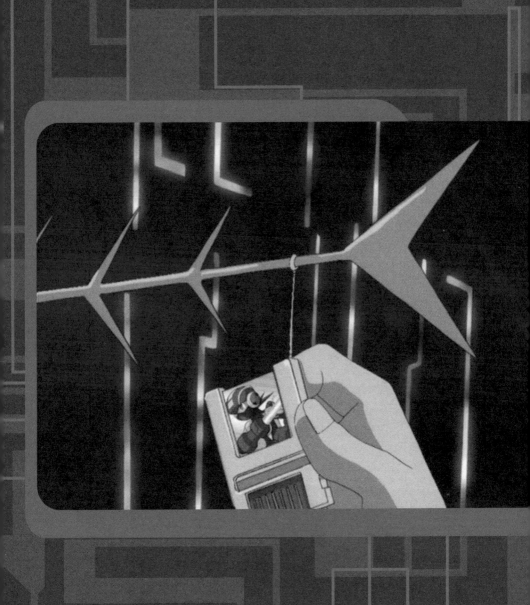

"We're sunk," Lan said. "None of my BattleChips can fight a Jelly!"

Then something flew past Lan's face. It was an arrow — with a BattleChip attached!

"An ElectroSword BattleChip," Lan said. "That's it! The virus is mostly water. Electricity can beat it!" Lan plugged in the BattleChip.

MegaMan tried to attack the virus with the ElectroSword BattleChip. It was his only hope.

"It's no good!" MegaMan yelled. "The virus is too slippery!" He looked around for help.

Then the shark creature swam up. "I will take the air out of him!" it said.

The shark creature sliced the virus.

MegaMan used ElectroSword. The virus exploded!

"Glad I could help out," said the shark NetNavi.

"You can call me SharkMan."

Then SharkMan logged out.

Lan told his friends what happened.
"It's all very strange," Lan said. "Who is
SharkMan? And who sent me that BattleChip?"

Nearby, Maysa watched the friends from the top of a fish tower.

"Good work, Lan and MegaMan," he said. "And don't forget your Fish Fun Facts!"